Horst Sendler
Über Michael Kohlhaas – damals und heute

Schriftenreihe
der
Juristischen Gesellschaft zu Berlin

Heft 92

W
DE
G

1985
Walter de Gruyter · Berlin · New York

Über Michael Kohlhaas
– damals und heute

Von
Horst Sendler

Vortrag
gehalten vor der
Juristischen Gesellschaft zu Berlin
am 24. Oktober 1984

W
DE
G

1985
Walter de Gruyter · Berlin · New York

Prof. Dr. jur. Horst Sendler
Präsident des
Bundesverwaltungsgerichts, Berlin

CIP-Kurztitelaufnahme der Deutschen Bibliothek

Sendler, Horst:
Über Michael Kohlhaas – damals und heute
Vortrag, gehalten vor der
Juristischen Gesellschaft zu Berlin
am 24. Oktober 1984 / von Horst Sendler.
– Berlin; New York : de Gruyter, 1985. –
  (Schriftenreihe der Juristischen Gesellschaft
  zu Berlin ; H. 92)
  ISBN 3 11 0104547
NE: Juristische Gesellschaft 〈Berlin, West〉:
Schriftenreihe der Juristischen...

Inhalt

I. Einleitung[1]

1. Vielschichtigkeit des Themas

Das schier unerschöpfliche Thema des Michael Kohlhaas ist bei aller beabsichtigten Unschärfe seiner hier präsentierten Formulierung nachgerade dazu angetan, seinen Bearbeiter zwischen nahezu alle denkbaren Stühle geraten zu lassen: zwischen die der verschiedenen politischen Auffassungen – so z. B. auf der einen Seite des Marxismus auf Grund der revolutionären, gesellschaftsverändernden Gewalt, die von Gestalten wie der des Michael Kohlhaas ausgehen könnte, auf der anderen Seite der borussisch-konservativen Staatsanbetung mit zugleich antisächsischer Attitüde, die man aus der Schlußapotheose des Michael Kohlhaas herleiten mag, in die deutlich positiv der Kurfürst von Brandenburg und deutlich negativ der von Sachsen einbezogen ist[2]. Auch die verschiedenen Wissenschaften stehen bereit, um als Stühle zu dienen, zwischen die man sich setzen kann: so zuvörderst die Literaturwissenschaft, aber auch die Soziologie, die Historie, die Pädagogik (denn natürlich wird der Michael Kohlhaas im pädagogischen Schrifttum weidlich ausgeschlachtet), ja sogar die Medizin (denn Michael Kohlhaas bietet auch medizinisches Anschauungsmaterial), nicht zuletzt die Philosophie und die Theologie (denn an Michael Kohlhaas ist immerhin maßgeblich auch Martin Luther beteiligt und bewirkt sogar die Peripetie in der Tragödie nach den Mordbrennereien des Titelhelden) – ganz nebenbei darf man vielleicht auch noch (wir sind ja schließlich in einer juristischen Gesellschaft) die Jurisprudenz erwähnen, obwohl man sich als Jurist in diesem illustren Kreis beinahe ein wenig verloren vorkommt.

Kurz: Wenn man als Jurist etwas über Michael Kohlhaas sagen will, so gerät man in eine ähnliche Gefahr wie der auf dem Piano dilettierende

---

[1] Der Text gibt im wesentlichen – teils erweitert, teils gekürzt – einen Vortrag wieder und enthält damit auch Passagen, die vielleicht allenfalls gesprochen und nicht gedruckt werden sollten. Die Fußnoten sind – ihrer Natur entsprechend – hingegen im wesentlichen nicht vorgetragen worden und sollen hauptsächlich mir ein Zurechtfinden in meinen Notizen sowie die Orientierung darüber ermöglichen, wo ich was abgeschrieben habe. Für den Leser sind sie daher wohl überflüssig; sie sind den bedeutenden Forschungsergebnissen der von *Rieß* so verdienstvoll ins Leben gerufenen Fußnotologie verpflichtet; vgl. *Peter Rieß*, Vorstudien zu einer Theorie der Fußnote, o. J. (1983) – in dieser Titelwahl gewiß allzu bescheiden.

[2] Vgl. zu dieser Anti-Sachsen- und Pro-Preußen-These *Paul Michael Lützeler* in: Romane und Erzählungen der deutschen Romantik (Hrsg. *Paul Michael Lützeler*), 1981, S. 213 (225).

8

Jurist, dem man nachsagt, er sei der beste Jurist unter den Pianisten und der beste Pianist unter den Juristen, was sich bei all seiner Relativität zwar relativ gut anhört, aber absolut gesehen natürlich absolut gar nichts besagt, sondern eher etwas relativ Schlechtes bedeutet. Die Gefahr liegt also nahe, daß man von jedem etwas beimengt, am Ende weder Fisch noch Fleisch bietet und daß damit etwas herauskommt, was auch Kleist und seinem Kohlhaas widerfahren ist; ihm hat man ja etwas ironisch nachgesagt, die Juristen seien geneigt, das Dichterische bei Kleist zu betonen, während die Nichtjuristen gern das Juridische hervorheben[3].

2. Kohlhaas: Gretchenfrage nach der Gerechtigkeit

Fertige und rundherum befriedigende Aussagen zu Kohlhaas sind schwierig. Das liegt auch daran, daß man es als Gretchenfrage an den Juristen bezeichnen kann, wie er es mit Michael Kohlhaas hält. Denn diese Frage will letztlich eine Antwort darauf haben, wie er zum Recht und zur Gerechtigkeit steht. Gretchenfragen aber haben es so an sich, daß sie den Befragten noch selten zu einer präzisen Antwort veranlaßt haben, sondern eher ein Ausweichen oder ein Drumherumreden bewirken; das ist Gretchen mit ihrem Faust bekanntlich auch nicht anders ergangen. Gretchenfragen führen eben in der Regel zu zentralen Problemen, für die keine Wissenschaft einfache Antworten bereithält. Auch Juristen wissen über den Zentralbegriff ihrer Wissenschaft relativ wenig; trotz der unzähligen Bücher, die klären wollen, was Recht und Gerechtigkeit sei, fehlt uns noch immer eine wirklich schlüssige, vor allem eine konkrete Antwort mit präziser praktischer, sozusagen vollzugsfähiger Nutzanwendung.

Ich weiß nicht, ob es für uns Juristen ein Trost sein kann, daß es den andern drei klassischen Wissenschaften mit ihren Zentralbegriffen nicht viel besser geht: Die Theologen wissen auch nicht so recht, was sie unter Gott zu verstehen haben, die Mediziner kaum, was Gesundheit und Krankheit wirklich ist, und die Philosophen haben noch immer ihre Schwierigkeit, ihre alte Gretchenfrage – Verzeihung: dort heißt es Pilatusfrage – nach der Wahrheit zu beantworten.

3. Drei Kohlhase: der historische, der von Kleist, der des täglichen Lebens

Wenn man die Frage nach Recht und Gerechtigkeit hinter der Frage vermutet, wie man es mit Kohlhaas hält, dann wird die Antwort zusätz-

---

[3] Vgl. *Adolf Fink*, Michael Kohlhaas – ein noch anhängiger Prozeß, in: Rechtsgeschichte als Kulturgeschichte, Festschrift für Adalbert Erler zum 70. Geburtstag, 1976, S. 37 (56).

lich schwierig, weil man schon bei der Vorfrage, wer oder was Kohlhaas eigentlich war oder ist, im Dunkeln tappt. Es gibt nämlich mindestens drei Kohlhase: den historischen, den von Kleist, und den, der uns mit vielen Facetten und in unzähligen Erscheinungsformen immer wieder im täglichen Leben begegnet, uns Juristen zumal in Gestalt dessen, der sein vermeintliches Recht unentwegt und verbissen verfolgt und uns nicht unerhebliche Pein verursacht, gelegentlich übrigens auch in Gestalt manches Kollegen, der beim besten Willen nicht von der Unrichtigkeit seiner Auffassung zu überzeugen ist und erbittert um das kämpft, was er für richtig hält, und manchmal vielleicht – wenn wir nur ehrlich sein würden – auch in unserer eigenen Gestalt; denn wir selbst sind natürlich für die anderen halt auch Kollegen und manchmal einfach nicht zu überzeugen.

Diese mindestens drei Kohlhase erfreuen sich eines recht unterschiedlichen Bekanntheitsgrades. Den ersten, den historischen, kennt kaum jemand. Den von Kleist glaubt jeder zu kennen. Den Kohlhaas des täglichen Lebens hingegen kennt jeder, weil er ihm ja immer wieder begegnet oder zu begegnen meint. Die Überzeugung, den Kleistschen Kohlhaas zu kennen, hängt übrigens wahrscheinlich damit zusammen, daß wohl unwillkürlich die Kenntnis des Kohlhaas im täglichen Leben auf die Gestalt des Kleistschen Kohlhaas projiziert wird, was um so näher liegt, als der tägliche Kohlhaas von jenem Kleistschen Kohlhaas die Bezeichnung entliehen hat. Nichts aber wäre falscher, als die beiden zu identifizieren.

II. Der historische Kohlhaas

Doch ich will nicht vorgreifen. Lassen Sie mich vielmehr der Reihe nach vorgehen und also mit dem historischen Kohlhaas anfangen[4].

1. Einige Unterschiede zum Kleistschen Kohlhaas

Er hieß in Wirklichkeit Kohlhase, und zwar Hans und nicht Michael – eine bezeichnende und gewiß wohlüberlegte Kleistsche Namensände-

---

[4] Vgl. zum folgenden *Kurt Neheimer*, Der Mann, der Michael Kohlhaas wurde, ein historischer Bericht, 1979. Die historischen Quellen, die teilweise auch Kleist kannte, sind auszugsweise abgedruckt z.B. in: Heinrich von Kleist, Michael Kohlhaas, Erläuterungen und Dokumente (Hrsg. *Günter Hagedorn*), 1970, S. 57 ff., weiter bei *Klaus-Michael Bogdal*, Heinrich von Kleist: Michael Kohlhaas, 1981, S. 76 ff. Vgl. weiter C. A. H. Burkhardt, Der historische Hans Kohlhase und Heinrich von Kleist's Michael Kohlhaas, 1864; seiner Darstellung weitgehend folgend z.B. *Oskar Schwebel*, Geschichte der Stadt Berlin, Bd. 1, 1888, S. 429 ff. Wer das Schicksal des historischen Kohlhase als Roman aufbereitet und modern verfremdet lesen will, der möge greifen zu *Elisabeth Plessen*, Kohlhaas, Roman,

rung. Er wurde nicht sozusagen in allen Ehren umgebracht wie der Kleistsche Kohlhaas, der mit dem Schwert gerichtet wurde und gewissermaßen eine Art Himmelfahrt und Apotheose erfuhr, nachdem das Recht schließlich in schier wunderbarer Weise auf der ganzen Linie gesiegt hatte und das Unrecht allüberall bestraft war. Der historische Kohlhase mußte hingegen den schimpflichsten Tod erdulden, indem er 1540 in der Gegend des heutigen Strausberger Platzes nahe dem Alexanderplatz in Ostberlin aufs Rad geflochten wurde.

Seine Taten und sein Schicksal sind freilich eingehüllt vom Dunkel der Geschichte. Sicher ist, daß er sich in wesentlichen Punkten vom Kleistschen Kohlhaas unterscheidet. Der Anfang ist allerdings zumindest ähnlich. Hier nur folgendes: Dem historischen Kohlhase, einem nicht allzu wohlsituierten Lebensmittelkrämer, werden auf dem Weg zur Leipziger Herbstmesse am 1. Oktober 1532 nahe der brandenburgisch-sächsischen Grenze von den Bediensteten eines sächsischen Junkers Günter von Zaschwitz zwei Pferde unter fadenscheinigem Vorwand abgenommen, nämlich auf Grund des durch nichts begründeten Vorwurfs, er habe sie gestohlen. Als er zwei Wochen später mit glaubwürdigen Beweisen seiner Ehrlichkeit zurückkommt, soll er für die inzwischen zu Gespanndiensten mißbrauchten und heruntergewirtschafteten Pferde ein nicht eben geringes Futtergeld entrichten, was er weder kann noch will, so daß er unverrichteter Dinge und nach wie vor in seiner Ehre als ehrlicher Mensch gekränkt nach Hause zieht – übrigens nicht wie bei Kleist an die Ufer der Havel, sondern der Spree nach Kölln.

Damit beginnt ein jahrelanges ergebnisloses Bemühen, zu seinem Recht zu gelangen. Das artet schließlich in einen Privatkrieg aus, führte aber vorher zu einer Art Kriegserklärung, zu einem Fehdebrief des Inhalts, daß er, Kohlhase, Gottes und aller Welt Freund sein wolle, allein Günter von Zaschwitz's und des ganzen Landes Sachsen öffentlich abgesagter Feind, daß er auch rauben und brennen wolle, bis ihm sein Schaden in Billigkeit erstattet sei[5]. Die erregte, ja explosive Stimmung nach den Bauernkriegen bringt Kohlhase ob dem ihm von einem Junker angetanen Unrecht rasch starken Zulauf; dies und die Befürchtung, es könne in dieser unruhigen Zeit zu neuen allgemeinen Unruhen kommen, sowie unerklärliche Feuersbrünste in der kursächsischen Residenzstadt Wittenberg, hinter denen man Kohlhase vermutet, lassen es schließlich der Gegenseite geraten erscheinen, mit diesem in Vertragsverhandlungen zu treten. Sie werden in Jüterbog geführt, wo Kohlhase mit einem starken

---

1979, die sich, was die historischen Fakten und die Wertung anlangt, weitgehend an *Neheimer* anlehnt.

[5] *Neheimer* (N 4) S. 26, *Burkhardt* (N 4) S. 22.

Anhang von einer halben Hundertschaft auftritt und er Anfang Dezember 1534 einen Vergleich über die erstaunliche Summe von 600 Gulden als Schadensersatz erreicht oder sogar erzwingt. In diesem Zeitpunkt schaltet sich – sehr viel früher als bei Kleist, bei dem der sächsische und der brandenburgische Kurfürst persönlich mit dem Kohlhaaseschen Anliegen erst konfrontiert werden, als das Schlimmste schon passiert ist – der sächsische Kurfürst auf eine Demarche der unterlegenen Adelsfamilie ein und erklärt den Rechtsspruch von Jüterbog kurzerhand für null und nichtig[6]; etwa gleichzeitig schreibt Luther, an den sich Kohlhase ebenfalls gewandt hatte, es sei „kein ander Rat da, denn Unrecht leiden", wenn er „das Recht nicht erlangen" könne[7].

2. „Moderne" Mittel beim historischen Kohlhaas

Erst jetzt beginnt die Kohlhasesche Affäre wirklich zu eskalieren. Ich kann sie hier im einzelnen nicht verfolgen. Aber auch heute noch bemerkenswert sind einige Mittel, zu denen Kohlhase greift.

a) Geiselnahme

Er überfällt nämlich am 23. Juli 1538 einen wohlhabenden und mit einflußreichen Persönlichkeiten verschwägerten Seidenhändler namens Reiche auf der Heimreise von Frankfurt an der Oder auf halber Strecke zwischen Jüterbog und Wittenberg und nimmt ihn gefangen. Der Frau des Kaufmanns, die er weiterreisen läßt, nicht ohne ihr vorher den Schmuck abgenommen zu haben[8], gibt er ein vorbereitetes längeres Sendschreiben mit, in dem er sich als „der Menschen Freund, aber Feind des Kurfürsten von Sachsen" bezeichnet[9], seinen Gegnern aber die Schuld

---

[6] *Neheimer* (N 4) S. 51/52, *Burkhardt* (N 4) S. 28/29.

[7] *Neheimer* (N 4) S. 54. Vgl. den Wortlaut des Briefes von Luther an Kohlhase vom 8. 12. 1534 bei *Bogdal* (N 4) S. 83 f. = *Hagedorn* (N 4) S. 69 f. Von einem (heimlichen) Besuch Kohlhases bei Luther – wie bei Kleist – wird nur in der auch von Kleist benutzten Chronik von Hafftiz berichtet; ein solcher Besuch ist quellenmäßig nicht belegt und dürfte wenig wahrscheinlich sein; vgl. *Neheimer* S. 123 ff.; auch *Burkhardt* (N 4 S. 50 Fußn. 3) hat „vergebens quellenmäßige Beweise gesucht".

[8] Er hat ihn aber nicht zu eigenem Nutzen kassiert, sondern wie bei früheren Raubaktionen als Pfand bei Dritten deponiert; dies jedenfalls, wenn man den Angaben bei *Neheimer* (N 4) S. 72 (ähnlich auch *Burkhardt* – N 4 – S. 52 Fußn. 2) glaubt.

[9] *Neheimer* (N 4) S. 71 f., *Burkhardt* (N 4) S. 36 ff. Am 19./20. 2. 1539 nimmt Kohlhase übrigens – diesmal erfolgreicher – erneut eine Geisel, die er etwa einen Monat mit sich führt und gegen 550 Gulden, die nach *Neheimer* S. 119 von den „herrschaftlichen Gönnern" der Geisel, nach *Burkhardt* S. 48 „von den Angehörigen" bezahlt wurden, freigibt.

daran zuweist, daß er „die Fehde von Neuem habe anfangen und gebrauchen müssen", ihm jedoch kein anderes Mittel mehr bleibe, als mit Reiches Gefangennahme die wortbrüchigen Obrigkeiten zum Einlenken und zur Gerechtigkeit zu zwingen.

Kohlhase bedient sich also des modernen Mittels der Geiselnahme, die, wie man sieht, so modern freilich nicht ist. Diese Geiselnahme läuft ähnlich ab wie meistens auch heute. Reiche schreibt einen Brief an einen renommierten Verwandten mit der Bitte, seinen ganzen Einfluß geltend zu machen, damit die Forderungen Kohlhases erfüllt werden; nach zwei Wochen bittet er gar Martin Luther, sich bei den Rechtsgelehrten der Universität Wittenberg für Kohlhase als ein Opfer von Willkür und Betrug zu verwenden. Wenig später aber hat man Kohlhase mit seiner Mannschaft und dem Gefangenen am Schmöckwitzer Werder in der Nähe von Erkner an der Ostgrenze des heutigen Berlin ausfindig gemacht, überrascht ihn im Morgengrauen, kann zwar Reiche befreien und einen Parteigänger Kohlhases ergreifen, diesen selbst aber nicht fassen.

b) Guerilla an Spree und Havel

Auch was anschließend geschieht, läßt durchaus Vergleiche mit Zuständen in der heutigen Welt zu. Man hat von Kohlhase als einem „märkischen Robin Hood"[10], von einer „Guerilla an Spree und Havel"[11] gesprochen, von „Sympathisanten" des Kohlhase und Helfern, die überall in der Mark Brandenburg wie Pilze aus dem Boden geschossen seien, und vom Einhalten der Regeln des Partisanenkampfes[12], z. B. bei einem nächtlichen Überfall auf ein bei Wittenberg gelegenes Dorf mitsamt der Verkündung eines Todesurteils und dessen sofortigen Vollzuges gegen einen als Henkersknecht verhaßten kurfürstlichen Geleitsmann[13].

c) Überfall auf Silbertransport

Zu Ende geht es mit Kohlhase, als er sich im Februar 1540 erkühnt, in der Nähe des heutigen Kohlhasenbrück einen Transport mit Silberbarren, die für den brandenburgischen Kurfürsten bestimmt sind, zu überfallen[14]. Auch heute finanzieren sich Kämpfer für eine bessere Welt oder Revolutionäre vor ihrer Machtergreifung aus Überfällen auf Bankfilialen oder Geldtransporte. Wenig später jedenfalls wird Kohlhase in der Wohnung

---

[10] *Neheimer* (N 4) S. 115.
[11] *Neheimer* (N 4) S. 96.
[12] *Neheimer* (N 4) S. 97 f.
[13] *Neheimer* (N 4) S. 109 f., *Burkhardt* (N 4) S. 44.
[14] *Neheimer* (N 4) S. 141 f., *Burkhardt* (N 4) S. 57.

des Küsters der jetzt im Wiederaufbau befindlichen Nikolaikirche in Ostberlin aufgespürt, am 22. März 1540 verurteilt und am selben Tage hingerichtet. Sein letztes Husarenstück brach ihm das Genick oder genauer: die Gebeine; er wurde ja gerädert und nicht geköpft.

3. Der historische Kohlhase ein „edler" Terrorist?

Vor wenigen Jahren ist in Ostberlin ein historischer Bericht über Hans Kohlhase erschienen[15], der die bisher nur zu einem geringen Teil veröffentlichten Kohlhase-Originale – zwölf umfangreiche Folianten mit behördlichen Untersuchungsberichten, Geheimkorrespondenzen, einem Briefwechsel zwischen den Kurfürsten von Sachsen und Brandenburg sowie Schreiben von Kohlhase selbst – auswertet und dabei der ersten im Jahre 1864 erschienenen, auf den damals aufgefundenen, Kleist nicht bekannten kursächsischen Originalakten beruhenden Darstellung[16] vorwirft, sie bediene sich zu oft des zweifelhaften Zeugnisses von Kohlhases aristokratischen Widersachern[17], könne also nicht mehr unkritisch übernommen werden. Möglicherweise ist dieser neue ein wenig romanhaft ausgeschmückte historische Bericht ebenfalls eingefärbt – nun freilich von der anderen Seite der Farbskala her – und bedarf wohl ebenfalls kritischer Lektüre[18].

Wenn man jenem Bericht aber glauben dürfte, dann wäre freilich der historische Kohlhase ein Mann gewesen, der seine Aktionen und seinen Terror sehr bewußt und gezielt gegen die sogenannte herrschende Klasse richtete, den kleinen Mann hingegen schonte und sich ihn zum Freund machte, deswegen zahllose Anhänger überall im Lande fand – Sympathisanten! – und jahrelang unentdeckt sein Wesen oder Unwesen treiben konnte: ein edler Mensch, der von den geraubten Gütern nichts für sich selbst will, sondern sie sogar in eine Art treuhänderischer Verwahrung gibt und sie letztlich nur als Mittel zum Zweck nutzt, seine Gegner zu Gerechtigkeit und zur Wiederherstellung seiner Ehre zu zwingen. In manchem gleicht er anderen legendären Verbrechergestalten, denen man ähnlichen Edelmut zugunsten der Unterprivilegierten nachsagt.

---

[15] *Neheimer* (N 4).
[16] *Burkhardt* (N 4).
[17] *Neheimer* (N 4) S. 11.
[18] *Robert E. Helbling,* „Kohlhaas"-Metamorphosen, in: Sprache und Literatur – Festschrift für Arval L. Streadbeck zum 65. Geburtstag – 1981, S. 65 (67 f.) folgt *Neheimer* allerdings offenbar gläubig; auch für *E. Plessen* (N 4) ist der historische Kleist das „Ideal des sympathischen Terroristen, der in seinem Sozialempfinden seiner Zeit weit voraus ist" (so die zutreffende Einschätzung des *Plessen*schen Romans bei *Helbling* S. 72).

Der historische Kohlhase dürfte zwar nach alledem ein Terrorist gewesen sein, aber ein gleichsam guter, der die Bösewichter strafen und sie vor allem mit dem Terror auf den Weg des Rechts und der Wiedergutmachung des ihm angetanen Unrechts zwingen wollte. Mehr – eine neue Gesellschaft und damit ein neues Recht – strebte er offenbar nicht an; ein Revolutionär war er daher wohl kaum, obwohl er in den Jahren kurz nach den revolutionären Bauernunruhen agierte und aus der Sicht der beiden beteiligten Kurfürsten und des Adels ein Umschlagen solch gefährlicher Aktionen in wirklich revolutionäre Umtriebe jederzeit drohen mochte.

Mag der historische Kohlhase so – vielleicht – wenigstens einigermaßen greifbar werden, so bleibt gleichwohl vieles dunkel und zweifelhaft.

III. Der Kleistsche Kohlhaas

1. Rätselhaftes und Widersprüchliches

Man sollte meinen, daß der Kleistsche Kohlhaas – dem Dunkel der Geschichte entrissen, sozusagen in eine höhere hellere Sphäre gehoben und dort durch den Text der Novelle dingfest gemacht – genau fixiert ist. Aber was heißt schon genau. Wir Juristen wissen nur zu gut, daß auch der scheinbar genaueste Gesetzestext viele Möglichkeiten der Interpretation bietet. Bei allen Unterschieden der Interpretation in Literatur- und Rechtswissenschaft[19] ist wohl allen Wissenschaften, die ihr Leben aus der Beschäftigung mit Texten beziehen, die geradezu unheimlich anmutende Bandbreite denkbarer Interpretationsmöglichkeiten gemeinsam. Ein Literaturwissenschaftler hat einmal selbstkritisch formuliert, um seine Wissenschaft sei es eigenartig bestellt, wer sie betreibe, verfehle entweder die Wissenschaft oder die Dichtung[20]. Auch wir Juristen sollten uns immer wieder fragen, ob es uns gelegentlich nicht ähnlich geht; auch wir unterliegen der Gefahr, entweder die Wissenschaft oder das Recht zu verfehlen. Bei Kohlhaas jedenfalls dürfte eine vergleichbare Gefahr für alle beteiligten Wissenschaften bestehen.

Ein Wunder ist das freilich nicht. Die Faszination, die von dem Kleistschen Text ausgeht, kann nämlich nicht darüber hinwegtäuschen, daß er manch Geheimnisvolles, Rätselhaftes, scheinbar oder wirklich Widersprüchliches, diverse Verwerfungen, die mit der etwas langwierigen Entstehungsgeschichte zusammenhängen dürften[21], und damit einiges an

---

[19] Vgl. dazu *Heinz Wagner*, Interpretation in Literatur- und Rechtswissenschaft, in AcP 165, 1965, S. 520 (525 ff.).

[20] So *Emil Staiger*, vgl. den Nachweis bei *Wagner* (N 19) S. 529 bei Fußn. 25.

[21] Vgl. z. B. *Heinrich Meyer-Benfey*, Die innere Geschichte des „Michael Kohlhaas", in: Euphorion XV, 1908, S. 99 ff. passim (z. B. 110, 115, 127).

Unklarheiten enthält, die insgesamt freilich einen nicht geringen Teil jener Faszination ausmachen. So klar bei Kleists Kohlhaas vieles ist, so rätselhaft bleibt manches. Nur zu verständlich ist es daher, daß eine so vielgestaltige und vielschichtige, noch dazu in verschiedenen Etappen entstandene Dichtung die unterschiedlichsten Interpretationen erfahren hat und erfährt.

2. Verschiedene „Kohlhaas-Mythen"

Manch einer hat deswegen beinahe an den wissenschaftlichen Methoden und Ergebnissen der Literaturwissenschaft zu zweifeln begonnen, weil die Deutungen widersprüchlich schillern und oft in extremer Weise wechseln[22]: Sympathische Selbstzweifel[23], die wohl auch keinem Juristen ganz fremd sind und z. B. *Radbruch* zu der Bemerkung veranlaßten, ein guter Jurist könne nur werden, wer es mit schlechtem Gewissen sei.

Lassen Sie mich nur einige Beispiele für zum Teil extrem divergierende Betrachtungsweisen nennen, die denn auch von „Kohlhaas-Mythen"[24], ein andermal von „Kohlhaas-Metamorphosen"[25] haben sprechen lassen.

Für Juristen am bekanntesten ist wohl die Deutung von *Rudolf von Ihering*, einem unserer juristischen Kirchenväter; er feiert Kohlhaas als Vorbild eines Kämpfers ums Recht, als Rechtsmärtyrer[26]. Dem entspricht etwa die Charakterisierung als „Held und Opfer der Gerechtigkeit"[27] oder als „echt preußischer Held"[28]. Ähnlich klingt es, wenn von der Kleistschen Erzählung als einem „hohen Lied auf einen großen Idealisten des Rechts"[29] die Rede ist. Einen Höhenflug von noch größerem Ausmaß erlebt man bei einem anderen Interpreten, der in der mit der Hinrichtung verbundenen Apotheose der Gerechtigkeit und des Kohlhaas eine Analo-

---

[22] *Ludwig Büttner*, Michael Kohlhaas – eine paranoische oder heroische Gestalt? in: Seminar, A Journal of Germanic Studies IV, 1968, S. 26 (30), ähnlich *Karl Stocker*, Heinrich von Kleist: Michael Kohlhaas, in: Deutsche Novellen von Goethe bis Walser (Hrsg. *Jakob Lehmann*) Bd. 1, 1980, S. 53 (57).
[23] Selbstzweifel der Literaturwissenschaft, die mir übrigens eine unerwartete Selbstbestätigung einbrachten. Man weiß ja, wie wir Juristen unter der Nachrede leiden, wenn zwei Juristen im Namen des Rechts zusammenkämen, dann sprängen mindestens drei Meinungen heraus; umfangreiche Lektüre umfangreicher Kohlhaas-Literatur hat mir gezeigt, daß es anderswo nicht anders ist, und mich entsprechend aufgerichtet.
[24] *Bogdal* (N 4) S. 101.
[25] *Helbling* (N 18) S. 65.
[26] *Rudolf von Ihering*, Der Kampf ums Recht, Ausgewählte Schriften mit einer Einleitung von *Gustav Radbruch* (Hrsg. *Christian Rusche*), 1965, S. 195 (245 ff.).
[27] *Günter Blöcker*, Heinrich von Kleist oder Das absolute Ich, 1960, S. 222.
[28] *Karl Wächter*, Kleists Michael Kohlhaas, ein Beitrag zu seiner Entstehungsgeschichte, 1918, S. 90.
[29] Vgl. *Fritz Werner*, Recht und Gericht in unserer Zeit, 1971, S. 410.

gie zum Jüngsten Gericht sieht[30]. Skepsis am menschlichen Gerechtig-
keitsstreben wird dagegen deutlich bei dem, der in Kohlhaas das Symbol
sieht für den unvermeidlichen, ja tragischen Antagonismus von Ordnung
und Unordnung in dieser Welt und für seine Auflösung, die nur mit Hilfe
höherer Mächte und magischer Kräfte möglich sei[31].

Schon etwas schillernder, aber wohl noch immer positiv hört es sich an,
wenn man Kohlhaas einen „Mystiker des Rechts"[32] nennt; und gar
vollends ins Negative wandelt sich das Bild, wenn es sich bei Kohlhaas um
„einen im Grunde kleinlichen Rechthaber"[33] handeln soll. Größe wiederum, wenn auch von einer diabolischen Art, gewinnt Kohlhaas als
„großer Bösewicht"[34]. Die Mischung aus Tragik, Komik und Lächerlich-

---

[30] *Charles E. Passage* nach *Benno von Wiese*, Die deutsche Novelle von Goethe
bis Kafka, Interpretationen, (Bd. 1), 1962, S. 47 (57, 61).

[31] *Von Wiese* (N 30) S. 63; ähnlich *Gerhard Fricke*, Studien und Interpretationen, Ausgewählte Schriften zur deutschen Dichtung, 1956, S. 214 (237 f.). Mit
diesem Hinweis auf die „höheren Mächte" und „magischen Kräfte" sind die
geheimnisvollen Vorgänge um die Zigeunerin, die Züge von Kohlhaas' verstorbe-
ner Frau trägt, und die damit zusammenhängende Wahrsage-Zettelgeschichte
angesprochen, die – wie auch die Vorgänge um die dem Kohlhaas gewährte und
dann gebrochene Amnestie – außerhalb meines Themas liegen, aber Kleist erhebli-
che Mißbilligung eingebracht haben; so spricht z. B. *Theodor Fontane* davon, daß
Michael Kohlhaas als bekannteste von Kleists Erzählungen *nicht* seine beste sei,
sondern nur den Anlauf dazu nehme; in ihrer zweiten Hälfte sinke sie zu etwas
relativ Unbedeutendem herab; vgl. *Th. F.*, Aufzeichnungen zur Literatur, Unge-
drucktes und Unbekanntes, 1969, S. 47; *Erich Schmidt* in: Heinrich von Kleist,
Aufsätze und Essays (Hrsg. *Walter Müller-Seidel*), 1973, S. 11 hält Kohlhaas nur
im ersten Drittel für eine Leistung allerhöchsten Ranges. *Friedrich Koch*, Heinrich
von Kleist, Bewußtsein und Wirklichkeit, 1958, spricht von der Amnestie als einem
durch und durch undichterischen Mittel, einer „Unmöglichkeit" (S. 276), sieht
darin und in der Zettelgeschichte „mangelnde dichterische Folgerichtigkeit"
(S. 278), spricht weiter von „Mißgriffen kompositorischer Art" (S. 280), von
„gröbsten Verstöße(n) gegen die Gesetzmäßigkeit des Kunstwerkes" (S. 284) und
einer „Verwirrung ...", die nur noch durch das Auftreten eines deus ex machina
aufgelöst werden kann" (S. 292). Dies geht sicher viel zu weit – sehr viel verständ-
nisvoller urteilen z. B. *Meyer-Benfey* (N 21) S. 137 ff. und *Josef Körner*, Recht und
Pflicht, Eine Studie über Kleists „Michael Kohlhaas" und „Prinz Friedrich von
Homburg", 1926, S. 5 f., 23 ff., 28 ff.; aber richtig ist, daß gerade die Episode mit
der Zigeunerin die größten Rätsel aufgibt und zu den verwegensten und unterschiedlichsten Interpretationen Anlaß gegeben hat.

[32] *Adolf von Grölman* (richtig: Grolman), Kleists Kohlhaas und das Recht, in
Frankfurter Zeitung Nr. 293 vom 18. April 1924; ähnlich und ausführlicher *ders.*,
Literarische Betrachtungen, Beiträge zur Praxis der Anschauung von Künstler-
schicksal und Kunstform, 1930, S. 20 (23).

[33] *J. Collin*, zitiert bei *Peter Horn*, Was geht uns eigentlich der Gerechtigkeitsbe-
griff in Kleists Erzählung „Michael Kohlhaas" noch an? in: Acta Germanica,
Jahrbuch des Südafrikanischen Germanistenverbandes, Bd. 8, 1976, S. 59 Fußn. 5.

[34] *J. Hart*, zitiert bei *Gerhard Fricke*, Gefühl und Schicksal bei Heinrich von
Kleist, 1929, S. 131.

keit, die seiner Figur auch innewohnt, kommt in der Charakterisierung als „Don Quichote aus der Mark" zum Ausdruck, seine zumindest partielle Engstirnigkeit im Begriff des „Ideologen"[35]. Natürlich hat man in Kohlhaas neben dem Ideologen auch schon den „ganzen Hitler"[36] entdeckt; warum sollte es ihm besser ergehen als so manch anderer Gestalt deutscher Geschichte oder Dichtung.

Andere sehen in Kohlhaas einen „Revolutionär und fanatischen Streiter für das göttliche Recht", einen „revolutionären Fanatiker"[37], den Träger einer „Revolution von unten"[38], zugleich aber den „religiösen Schwärmer"[39] oder auch einen „revolutionären Schwarmgeist"[40].

Auch die Marxisten sind sich in der Sicht von Kohlhaas keineswegs einig. Die einen halten ihn für einen kleinen Plebejer, der gegenüber den Junkern und großen Herren der herrschenden Klasse die Fragwürdigkeit gesellschaftlicher Zustände bloßlegt und dagegen revoltiert, ohne aber zum Revolutionär zu werden[41]. Andere bezeichnen ihn als „Vorkämpfer einer kommenden Zeit"[42], als „Vorläufer des proletarischen Revolutionärs"[43] oder als „Rebell"[44]. Ein anderer Marxist, immerhin von der Statur eines *Ernst Bloch*, deutet Kohlhaas hingegen als „Paragraphenreiter aus Rechtsgefühl", als Ausdruck einer „Überzeugungstäterschaft größten

[35] Beides bei *Otto Brahm*, Das Leben Heinrich von Kleists, 1911, S. 302.
[36] *Jean Cassou*, abgedruckt in: Heinrich von Kleists Nachruhm, Eine Wirkungsgeschichte in Dokumenten (Hrsg. *Helmut Sembdner*), 1967, Nr. 483. Zum besseren Verständnis muß man allerdings wohl das Wort im Zusammenhang lesen: „Zum Räuber wird Michael Kohlhaas durch die Überspitzung eines Ichs, das nicht von sich loskommt und sich vergrößert, anwächst, mit der Gesamtheit identifiziert, sie mit seinem Aussatz ansteckt und mit in die gleiche Verdammnis reißt. Scheußliche Übersteigerung von Minderwertigkeitskomplexen, keinerlei begründete Ansprüche, aber Freude daran, Ansprüche um der Ansprüche willen zu erheben, Menschen- und Götterdämmerung, Verherrlichung einer kosmischen Sintflut: Der ganze Hitler ist da." Das dürfte auch nicht viel falscher sein als die Bemerkung *Bernhard Blumes* in seinem Essay über „Kleist und Goethe", „Kleists hastiges Leben ... erscheint uns heute wie eine Abbreviatur des deutschen Wegs in den Abgrund überhaupt" in *Müller-Seidel* (N 31) S. 135. Zu dem zitierten Wort *Cassous* zutreffend *Horn* (N 33) S. 72 f.
[37] *Büttner* (N 22) S. 31, 33.
[38] *Friedrich Braig*, Heinrich von Kleist, 1925, S. 487.
[39] *Braig* (N 38) S. 485 und 499.
[40] *Curt Hohoff*, Heinrich von Kleist, 1958 (Ausgabe 1983) S. 116.
[41] *Ernst Fischer* in seinem Essay über „Heinrich von Kleist" bei *Müller-Seidel* (N 31) S. 533 und 537.
[42] *Friedrich Wolf*, Kunst ist Waffe! (1928), abgedruckt in: Nachruhm (N 36) Nr. 687.
[43] *Wilhelm Herzog* in der Roten Fahne (1927) nach der Einschätzung von *Lützeler* (N 2) S. 215; die genaue Wiedergabe der Worte von *Herzog* findet sich in: Nachruhm (N 36) Nr. 464 a.
[44] So der Titel des *Schlöndorff*-Films von 1968.

Stils", die zum „Inhalt der Überzeugung in absurdem Mißverhältnis"
stehe, als „Mordbrenner aus Justiz", als Symbol für den „dialektische(n)
Stoßseufzer: Summum ius summa iniuria" und der „Maxime: Fiat iustitia,
pereat mundus", summa summarum als neurotischen Querulanten[45].

Das leitet über zu den mehr medizinisch infizierten, auf krankhaften
Wahn hindeutenden Begriffen[46]. Goethe ist da noch relativ milde, wenn er
in Kohlhaas einen Hypochonder sieht[47], ist aber doch nicht weit entfernt
von denen, die Kohlhaas die Rolle eines Psychopathen zuweisen, der
sozusagen wegen des Rechts an seiner Seele leidet, des Trägers einer
„ausschließliche(n), den ganzen Menschen verzehrende(n) und ins Verderben führende(n) Leidenschaft"[48]. *Fritz Werner* meint, man könne
Kleists Kohlhaas „auch sehr wohl als die glänzende psychologische Studie
eines Querulanten deuten" und komme damit den Absichten des Seelen-
zergliederers Kleist vielleicht ebenso nahe wie die übliche heroische
Auffassung des Kohlhaas[49]. Ein Mediziner bezeichnet in seinen Studien

---

[45] *Ernst Bloch*, Über Rechtsleidenschaft innerhalb des positiven Gesetzes, in:
ders., Naturrecht und menschliche Würde, 1972 (Suhrkamp Taschenbuch 49),
S. 93, 94, 95, 97. *Bloch* meint u. a., Kohlhaas verfechte „die dumm-erhabene
Identität: Recht muß Recht bleiben." (S. 95).

[46] Vgl. die gute Übersicht über die medizinisch-psychiatrischen Stellungnahmen
zu Michael Kohlhaas bei *Fink* (N 3) S. 62 ff., weiter dort S. 107 mit Fußn. 283, wo
aus dem Gutachten eines Nervenarztes berichtet ist, der den von ihm Begutachte-
ten als „klassischen Michael Kohlhaas" bezeichnet und dazu meint: „Im Mittelalter
gerieten solche bedauernswerten Neurotiker an den Galgen, heute in die sogenannte Beruhigungszelle"; man könnte hinzufügen: oder in die hohe Literatur.
Zu denken gibt übrigens, wenn man in einem Bericht des Ausschusses für
Geschäftsordnung und Petitionen des Europäischen Parlaments (über Petitionen
zu Vorfällen in einem psychiatrischen Landeskrankenhaus) vom 28. Mai 1984 lesen
muß, daß zwei Rechtsanwälte, die wegen Beleidigungen u. ä. wiederholt bestraft
worden waren, „zu welchen Mitteln sie und ihre Freunde auch immer gegriffen
haben, zweifellos Strukturen und Praktiken kritisiert haben, die durchaus Anlaß
zur Kritik geben. Es scheint sogar so zu sein, daß bestimmte Zustände in der
Anstalt offen angeprangert werden müßten." Auch wir müssen aufpassen, daß wir
– was wir bei anderen lauthals und mit Recht beanstanden – Andersdenkende oder
Andersseiende nicht schlicht für verrückt erklären, in entsprechende Anstalten
sperren und entsprechend behandeln, nämlich sie dem „allgemeinen Einsatz der
Psychopharmaka" (so in dem erwähnten Bericht) aussetzen. Die Gefahr, sich
große oder kleine Kohlhaase selbst zu züchten, muß man sich immer wieder
vergegenwärtigen (vgl. auch unten bei N 158).

[47] Vgl. Heinrich von Kleists Lebensspuren, Dokumente und Berichte der Zeit-
genossen (Hrsg. *Helmut Sembdner*), 1957, Nr. 385.

[48] *Georg Lukács*, Deutsche Literatur in zwei Jahrhunderten, 1964, S. 222. Vgl.
auch *ders.*, Probleme des Realismus II, 1964, S. 28 f., wo er von „pathologischer
Entstellung" und „pathologischer Verzerrung" bei Kohlhaas spricht.

[49] *Werner* (N 29) S. 410.

über Dichter des Wahnsinns das Handeln von Kohlhaas als „querulatorische Reaktion eines Geistesgesunden"[50]; ein anderer konstatiert in einer
Studie über die „Aporie der wahnhaften Querulanz" beim Kleistschen
Kohlhaas „querulantischen Größenwahnsinn"[51] und empfiehlt – weil
derlei offenbar doch krankhaft – einem Richter, der über solche Querulanten zu urteilen habe, den Fall an eine andere Fakultät zu überweisen –
an den „Theologen" unserer Zeit, nämlich an den Psychotherapeuten[52];
der Richter wird wahrscheinlich skeptisch fragen, ob jener dort wirklich
besser bedient ist.

Diese Skepsis wird ihn wohl kaum verlassen, wenn Psychologen in
einer Studie über die Psychodynamik im Kleistschen Kohlhaas auf der
Grundlage einer psychoanalytischen Narzißmus-Theorie die Rachsucht
von Kohlhaas auf eine „narzißtische Kränkung" und auf eine „Selbstwert-
einbuße in Verbindung mit massiver Kastrationsangst"[53] zurückführen
und so die „Etablierung einer vereinfachten, scharf in gut und böse
zerfallenen Welt auf der Stufe des purifizierten Lust-Ichs"[54] – was auch
immer das sein mag – glauben feststellen zu können.

3. Kohlhaas als Beispielsfall für Kleist als Dichter der Möglichkeitsfülle

Ich breche ab – Sie werden nunmehr dafür Verständnis haben – und
bitte mir zu glauben, daß es nahezu keine Interpretation gibt, die es nicht
gibt. Das mag auch damit zusammenhängen, daß Kleist – wie man ihn
genannt hat – ein „Dichter der Möglichkeitsfülle"[55] ist, – anders ausge-
drückt: ein Dichter der unbegrenzten Möglichkeiten, für den es keinen
festen Punkt gibt, für den die Ausnahme oft mehr bedeutet als die Regel,
für den Gesetze unbeschränkt variabel und individuell sind[55]; fast möchte

---

[50] *Horst Geyer*, Dichter des Wahnsinns, Eine Untersuchung über die dichteri-
sche Darstellbarkeit seelischer Ausnahmezustände, 1955, S. 115 (141); für *A. E.
Hoche*, Das Rechtsgefühl in Justiz und Politik, 1932, S. 98 zu 4 steht Michael
Kohlhaas „an der Grenze der geistigen Gesundheit" und ist „geformt aus dem
Urstoff, dem – in anderer Mischung – auch der große Staatsmann und der große
Verbrecher entstammen."
[51] *Hubert Tellenbach*, Die Aporie der wahnhaften Querulanz, in: Colloquia
Germanica 1973, S. 1 (5).
[52] *Tellenbach* (N 51) S. 8.
[53] *Peter Dettmering*, Die Psychodynamik in Heinrich von Kleists „Michael
Kohlhaas", in: Psyche, Zeitschrift für Psychoanalyse und ihre Anwendung XXIX/
1975, S. 154 (154/55, 157).
[54] *Dettmering* (N 53) S. 159.
[55] *Blöcker* (N 27) S. 173.

20

man meinen, daß er damit den Juristen des modernen Richterstaats im Visier gehabt habe[56].

Wenn man die erwähnten Interpretationen und Charakterisierungen von Kohlhaas Revue passieren läßt, dann überfällt einen der Verdacht, keine treffe so richtig zu. Andererseits: Wer den Vorwurf, Eklektiker zu sein, nicht scheut – und ich scheue ihn nicht –, wird vielleicht einräumen müssen, daß Kohlhaas von all dem etwas hat. Auch in seiner Brust dürften zwei Seelen gewohnt haben – mindestens zwei (Goethe nimmt eine schrecklich vereinfachende Reduzierung der Seelen auf nur zwei vor!); auch Kohlhaas war kein ausgeklügelt Buch, sondern ein Mensch mit seinem Widerspruch. So mag er weder ein hysterischer Narr noch ein Heros, weder pathologisch noch vorbildlich, sondern ein im großen und ganzen normaler Mensch mit seinen Widersprüchen und positiven wie negativen Möglichkeiten gewesen sein[57].

Geht man davon aus, so wäre er ein Spiegelbild der Erfahrung, daß Gut und Böse – ebenso wie Recht und Unrecht – eben doch changieren[58], daß sie ineinander übergehen, gelegentlich sogar austauschbar sein können und Rechtsordnung als Unordnung möglich ist[59]. Gerade Kleist hat das im Blick auf das Recht wiederholt betont: „Man sage nicht, daß eine Stimme

---

[56] In der neuesten, besonders weit fortgeschrittenen Verfassungstheorie wird angesichts der Dynamisierung des Verfassungsverständnisses geradezu von einem institutionalisierten „Spiel von Möglichkeiten" gesprochen; vgl. jüngst *Karl-Heinz Ladeur*, Vorüberlegungen zu einer ökologischen Verfassungstheorie, in: Demokratie und Recht, Bd. 12, 1984, S. 285 (287).

[57] So immerhin erwägenswert *Büttner* (N 22) S. 35.

[58] Dieses Verflochtensein der Gegensätze findet sich bei Kleist öfters, so z. B., wenn sich im männlichen Helden der Marquise von O. Züge des Engels und des Teufels vereinen oder ihre Zeichen vertauschen; vgl. auch *Josef Kunz* in seinem Essay über die Thematik der Daseinsstufen bei *Müller-Seidel* (N 31) S. 675.

[59] Mit Recht weist *Hans Mayer*, Heinrich von Kleist. Der geschichtliche Augenblick, 1962, S. 33, darauf hin, daß Rechtsordnung als Unordnung ein entscheidendes Motiv bei Kleist ist. *H. A. Korff*, Geist der Goethezeit, Bd. IV, 1953, S. 85 spricht im Zusammenhang mit den Novellen Kleists von der Zweideutigkeit des Lebens als dem wahrhaft Beunruhigenden: „nicht die rationale Tatsache, daß von einem bösen Menschen böse Taten geschehen müssen, sondern die irrationale und ganz unheimliche, daß das Gute sich zum Bösen verkehrt und mitten aus dem Guten plötzlich das Böse, und vielleicht gerade in furchtbarster Form, entstehen kann." *Werner Bergengruen* spricht von der gelegentlich in Erscheinung tretenden „untrennbaren Verflochtenheit von Recht und Nichtrecht" (NJW 1984, 1084, 1087); vgl. ähnlich *Diether Huhn* und *Jürgen Behrens*, Über das Rechtsgefühl in der Dichtung Heinrich v. Kleists, in: Schleswig-Holsteinische Anzeigen 1962, S. 281 (285): „Kohlhaas weiß nicht, wie unmittelbar allen Versuchen, ins Recht zu kommen, das Unrecht benachbart ist" (wörtlich ebenso *dieselben*, Über die Idee des Rechts im Werk Heinrich von Kleists, in: Jahrbuch des Wiener Goethe-Vereins, 69. Bd., 1965, S. 179 (190).

im Innern uns heimlich und deutlich anvertraue, was recht sei. Dieselbe Stimme, die dem Christen zuruft, seinem Feinde zu vergeben, ruft dem Seeländer zu, ihn zu braten, und mit Andacht ißt er ihn auf"[60].

4. Kohlhaas als Terrorist

Dies alles läßt die verschiedenen Interpretationen ineinander verschwimmen. Die Fülle der Interpretationsangebote läßt aber fast übersehen, daß eine Möglichkeit nahezu gänzlich fehlt: die des Terroristen.

a) Spiegelbild in der Erfahrung?

Wahrscheinlich entdeckt man in Gestalten der Dichtung oder deutet in sie hinein meist das, was in der eigenen Erfahrung wurzelt, also z. B. seit je den Querulanten, den Psychopathen, den Ideologen, seit einiger Zeit auch den „ganzen Hitler", das „Lust-Ich" oder wen auch immer. Erfahrungen mit Terroristen in einem größeren Umfang haben uns erst die jüngsten Jahre beschert. So ist denn diese Deutung – offenbar im Licht der neuesten Erfahrungen und vor dem Hintergrund einer weltweiten kulturellen und politischen Unruhe[61] – erst neuerdings andeutungsweise erkennbar[62]. Sie aber macht Kohlhaas oder jedenfalls Teile seiner Existenz

---

[60] Brief vom 15. August 1801 an Wilhelmine von Zenge, in: Heinrich von Kleist. Sämtliche Werke und Briefe (Hrsg. *Helmut Sembdner*), 7. Aufl. 1984, 2. Bd. S. 683. Auch die im Zusammenhang mit dem im Text gebrachten Zitat stehenden Sätze sind aufschlußreich: „... wenn man seit Jahrtausenden noch zweifelt, ob es ein *Recht* gibt – kann Gott von solchen Wesen *Verantwortlichkeit* fordern? ... Wenn die Überzeugung solche Taten rechtfertigen kann, darf man ihr trauen?" Ähnlich in einem Brief vom 5. Februar 1801 an Ulrike von Kleist: „Gern will ich immer tun, was recht ist, aber was soll man tun, wenn man dies nicht weiß?" (a. a. O. S. 626) und in der Familie Schroffenstein Z 2609 bis 2611: „Gott der Gerechtigkeit! sprich deutlich mit dem Menschen, daß ers weiß / Auch, was er soll!" (a. a. O., 1. Band S. 147). Die Travestie zu diesem schier verzweifelten Suchen nach dem Recht findet sich in *Bert Brechts* Furcht und Elend des Dritten Reiches, wo *Brecht* seinen Amtsrichter in Szene 5 sagen läßt: „... ich entscheide so, wie man das verlangt, aber ich muß doch wissen, was man verlangt. Wenn man das nicht weiß, gibt es keine Justiz mehr."
[61] *Lützeler* (N 2) S. 213. So sitzen denn, wie *Fink* (N 3) S. 104 richtig bemerkt, die Interpreten immer auch über sich und ihre Zeit zu Gericht.
[62] *Lützeler* (N 2) S. 213 mit umfangreichen Nachweisen S. 234 in Fußn. 1 bis 4; *Günter Bartsch*, Anarchismus in Deutschland, Bd. 1, 1972, S. 25: Kohlhaas „als Prototyp des deutschen Anarchisten". Überwiegend tritt dabei eine mehr beschönigende Tendenz hervor – so etwa bei *E. Plessen* (N 4) oder bei *Bogdal* (N 4) –, die die abschreckenden und furchtbaren Aspekte des Terrorismus von Kohlhaas zurücktreten läßt, und vielmehr das Vorbild betont, den „Bruder", den „Archetypus des Bürgers im Kampf um das Recht, das ihm die Institutionen der Gesellschaft verweigern" (*Bogdal* S. 7); Kohlhaas wird dabei hochstilisiert zum Märtyrervorbild

und seines Handelns so furchtbar aktuell – und zwar im Wortsinn furchtbar.

b) Kohlhaas und sein einer Goldwaage gleichendes Rechtsgefühl

Um sich diese mögliche und konkret-bedrohliche Sicht des Kohlhaas zu vergegenwärtigen, ist es nützlich, sich einige Passagen aus dem Kleistschen Text in Erinnerung zurückzurufen. Schon in den ersten Zeilen nennt Kleist seinen Kohlhaas einen „der rechtschaffensten zugleich und entsetzlichsten Menschen seiner Zeit"; nicht einer unter seinen Nachbarn, der sich nicht „seiner Gerechtigkeit erfreut hätte"; die Welt hätte „sein Andenken segnen müssen, wenn er in einer Tugend nicht ausgeschweift hätte. Das Rechtgefühl aber machte ihn zum Räuber und Mörder".

Nun ist ein sozusagen schlichter Räuber und Mörder noch kein Terrorist. Es muß mehr hinzukommen, um allen Menschen Furcht und Schrekken einzujagen; denn dies ist die beabsichtigte Wirkung und nicht nur eine Begleiterscheinung der Aktivitäten von Terroristen[63].

Ebensowenig wird man in einem – sit venia verbo – Alltagsmörder einen der entsetzlichsten Menschen seiner Zeit sehen. Erst die scheinbar paradoxe Verbindung des „rechtschaffensten zugleich und entsetzlichsten Menschen" liefert den Schlüssel für die Außerordentlichkeit des Kleistschen Kohlhaas; die Entsetzlichkeit ist gleichsam Hilfsmittel im Dienst der Rechtschaffenheit; Terroranschläge sind denn auch häufig das Kampfmittel der Terroristen für die Durchsetzung der Gerechtigkeit, wie sie sie und was auch immer sie darunter verstehen mögen.

So ist ein weiteres Schlüsselwort denn auch das vom Rechtgefühl des Kohlhaas, „das einer Goldwaage glich"[64]; seine Verwundbarkeit und seine Gefahr liegen darin begründet[65].

Gewiß macht auch das noch keinen Terroristen; man sollte meinen: im Gegenteil. Doch gemach! So wie die Gegensätze einander berühren, wie vom Erhabenen zum Lächerlichen oft nur ein Schritt ist, so ist Recht von Unrecht – wie schon gesagt – häufig weniger weit entfernt, als man sich

---

etwa für Hausbesetzer oder Bauern, die sich gegen Kernkraftwerke o. ä. wehren (*Bogdal* a. a. O.). Das alles schlägt sich in der sog. Protest-Literatur nieder (vgl. dazu auch *Stocker* – N 22 – S. 71). Vgl. weiter die Besprechung des *Plessen*schen Romans von *Benjamin Henrichs* in: Die Zeit vom 7. September 1979 (Literaturbeilage S. 45) unter der bezeichnenden Überschrift „Mein Bruder Kohlhaas"; *Henrichs* sieht in dem Roman ein „politisches Gleichnis" dafür, „wie einer Terrorist wird in Deutschland". Vgl. ferner die nüchterne Feststellung bei *Wolfgang Gast*, Rechtsverständnis – Nachdenken über das Recht, 1983, S. 55.
[63] So mit Recht *Ilmar Tammelo*, Zur Philosophie der Gerechtigkeit, 1982, S. 92.
[64] Michael Kohlhaas S. 14, zitiert nach der in N 60 genannten Ausgabe, 2. Bd.
[65] So zutreffend *Büttner* (N 22) S. 32.

dies wünschen würde. Das einer Goldwaage gleichende Rechtgefühl veranlaßt zwar Kohlhaas noch einmal zu genauesten Recherchen darüber, ob wirklich „eine Schuld seinen Gegner drücke"[66], dieser also, wofür aller Anschein von Anfang an sprach, wirklich grobes Unrecht begangen hatte, indem er unter falschem Vorwand die zwei berühmten Rappen des Kohlhaas zum Pfande genommen, zu eigenen Feldarbeiten mißbraucht und den zurückgebliebenen Knecht von Kohlhaas unter entwürdigenden Umständen nach Hause geprügelt hatte; aber dieses Rechtgefühl mitsamt der Goldwaage hindert, nachdem Unrecht und Schuld des Gegners gegen jeden Zweifel erwiesen war, Kohlhaas nicht, einen Rachekrieg schlimmsten Ausmaßes anzuzetteln; im Gegenteil: Gerade sein Rechtgefühl gab ihm die Gewißheit, daß „er mit seinen Kräften der Welt in der Pflicht verfallen sei, sich Genugtuung für die erlittene Kränkung, und Sicherheit für zukünftige seinen Mitbürgern zu verschaffen"[66].

c) Empfindliches Rechtsgefühl auch bei „modernen" Terroristen?

Ein ähnlich empfindliches Rechtsgefühl wird nicht selten unseren modernen Kämpfern für größere Gerechtigkeit und eine bessere Welt nachgerühmt; auch sie leiden wegen der Ungerechtigkeit der Welt an ihrer Seele und treten überdies mit dem Anspruch auf, „auf Erden Frieden, Freiheit und eine neue rechtliche Ordnung einzuführen, kurz: für die Wiederherstellung eines irdischen Paradieses zu arbeiten"[67]. Die Praxis des Terrors bezieht ihre Legitimität unmittelbar aus unseren höchsten Zwecken, sozusagen aus den höchsten Gütern der Nation, die es dem Terroristen denn auch nicht schwer machen, das gute Gewissen reinzuhalten, indem er sich auf höchste Prinzipien wie etwa die Verwirklichung der Gerechtigkeit beruft[68]. Das entspricht just dem Unternehmen Robespierres, der Tugend durch Terror zur Herrschaft zu verhelfen[69]. So kennzeichnet es sicher einen Teil seines Wesens, wenn Kohlhaas ein verfrühter Jakobiner genannt worden ist[70].

---

[66] Kohlhaas (N 64) S. 16.
[67] So Horn (N 33) S. 75; diese auf die halb religiösen, halb sozialistischen Bewegungen der Lutherzeit bezogenen Formulierungen treffen auch Erscheinungen unserer Zeit.
[68] Vgl. Hermann Lübbe, Freiheit und Terror, in: Freiheit. Theoretische und praktische Aspekte des Problems (Hrsg. Josef Simon), 1977, S. 119 und 132.
[69] Vgl. Günter Rohrmoser, Ideologische Ursachen des Terrorismus, in: Iring Fetscher u. Günter Rohrmoser, Ideologien und Strategien, 1981, S. 310, der S. 311 zutreffend darauf hinweist, daß die geistige Wurzel des Terrorismus in die Schreckensherrschaft der Jakobiner zurückreicht.
[70] Bloch (N 45) S. 96.

Beide, Michael Kohlhaas und die modernen Terroristen, verbindet eine „radikale Rechtsleidenschaft"[71]; in beiden sind denn auch Existenzformen eines Märtyrertums entdeckt und über den Begriff der Protest-Dichtung Brücken zur literarischen Gegenwart gebaut worden[72].

d) Mittel des Terrors bei Kohlhaas

Dieses empfindliche, äußerst verletzbare und leicht verletzte Rechtsgefühl hindert weder Kohlhaas noch moderne Weltverbesserer, sondern treibt sie eher dazu, zu Mitteln ähnlicher Qualität zu greifen. Beide bedienen sich der Mittel des Terrors. Beide stimmen überein „in den von ihnen angewandten totalen Kampfmethoden und in der willkürlichen Auswahl ihrer Opfer"[73].

Das beginnt bei Kohlhaas noch mit einem gleichsam individuellen Terror; so, wenn er den ersten, der ihm bei seinem Kampf gegen den von ihm befehdeten Junker in dessen Burg entgegenkam[74], „in den Winkel des Saals schleuderte, daß er sein Hirn an den Steinen verspritzte"[75]; man sollte sich das einmal ganz konkret vorstellen; ein Film, der diesen Vorgang wirklich realistisch – natürlich in Farbe – darstellte, wäre wohl kaum für die heranwachsende Jugend zu empfehlen. Auf ähnlicher Ebene liegt es, wenn bei demselben Gemetzel unter dem Jubel des besten Knechtes von Kohlhaas „aus den offenen Fenstern der Vogtei, die Leichen des Schloßvogts und Verwalters, mit Weib und Kindern", herabflogen[75]. Vollends ungezielt erfaßt der Terror jedermann, wenn Kohlhaas wenige Tage später als „entsetzlicher Wüterich"[76] Wittenberg, „während die Bewohner im tiefsten Schlaf lagen, an mehreren Ecken zugleich, in Brand steckte" ohne jede Rücksicht darauf, welche Opfer dieses noch zweimal und überdies auch in Leipzig wiederholte Unternehmen werde

---

[71] *Bogdal* (N 4) S. 7.

[72] Vgl. *Stocker* (N 22) S. 71; vgl. weiter oben N 62.

[73] Darin sieht *Tammelo* (N 63) S. 92 mit Recht die Kennzeichen terroristischen Handelns. Die Parallele macht auch *Bartsch* (N 62) S. 25 deutlich, wenn er davon spricht, daß Kohlhaas eine „direkte Aktion" auf die andere folgen läßt.

[74] Es handelt sich um einen Junker Hans von Tronka, der mit dem von Kohlhaas befehdeten Wenzel von Tronka nicht identisch ist und jedenfalls nach dem Kleistschen Text nicht in den Streit verwickelt war. Übrigens staunt man immer wieder, wie ungenau – nicht nur von *Ihering* (vgl. unten N 82) – Kleist gelesen wird, so bei *Philipp Witkop*, Heinrich von Kleist, 1922 S. 189, der sich – Hans und Wenzel verwechselnd – darüber wundert, daß „die Ermordung des Junkers im ganzen Rechtsstreit nicht mehr erwähnt" wird und dies zu Unrecht auf das widerspruchsvolle Ineinanderschieben der verschiedenen Fassungen zurückführt.

[75] Kohlhaas (N 64) S. 32.

[76] Kohlhaas (N 64) S. 37.

fordern müssen; und dies alles nur, weil Kohlhaas vermutete – keineswegs wußte –, daß der ihm verhaßte Junker sich in den Mauern der Stadt aufhalte, und das mit der ausdrücklichen Drohung, er werde die Stadt einäschern dergestalt, daß er „hinter keiner Wand werde zu sehen brauchen, um ihn zu finden"[77]. Man kann solches Tun nur als „unmenschlich und unnatürlich", als „wahrhaft inhuman" bezeichnen[78], als „von humanem Empfinden unberührt, bedenkenlos in der Wahl der Mittel zum angeblich guten Ziel"[79] – noch dazu gegenüber gänzlich Unschuldigen.

e) Kohlhaas als vorbildhafter Kämpfer ums Recht?

Kann man unter diesen Umständen wirklich davon sprechen, Kohlhaas führe „keinen ziellosen Vernichtungskrieg", sondern richte ihn „nur gegen den Schuldigen und alle diejenigen, die mit ihm gemeinschaftliche Sache machen"? So jedenfalls *Rudolf von Ihering* in seiner Hymne auf Kohlhaas[80]. Oder sollte *Ihering* jene und noch manch andere Textstelle nur übersehen haben, weil sie mit seiner These von Kohlhaas als vorbildlichem Kämpfer ums Recht beim besten Willen nicht in Übereinstimmung zu bringen ist?[81, 82] Oder sah Kohlhaas vielleicht das ganze damalige

---

[77] Kohlhaas (N 64) S. 36, und dies dreimal, vgl. S. 37 und 38. Leipzig geht es kurz darauf nur dadurch besser, „daß das Feuer, wegen eines anhaltenden Regens der vom Himmel fiel, nicht um sich griff" (S. 41).

[78] So mit Recht *Walter Müller-Seidel*, Versehen und Erkennen. Eine Studie über Heinrich von Kleist, 1961, S. 146 und 221; S. 222 macht er darauf aufmerksam, daß die Rache von Kohlhaas in vieler Hinsicht mit derjenigen Hermanns des Cheruskers verwandt ist.

[79] *Hans Mayer* (N 59) S. 47, dort bezogen auf Hermann; das gilt aber wegen der Verwandtschaft des zugrundeliegenden Rachegefühls auch für Kohlhaas; zutreffend weiter *Huhn/Behrens* (N 59) S. 285: „In paradoxer Perversion treibt das Rechtsgefühl ... bis zum Verlust überhaupt alles Humanitären" (= Wiener Goethe-Verein S. 191).

[80] A. a. O. (N 26) S. 246.

[81] Wohl deswegen hat z. B. *Rudolf Stammler*, Lehrbuch der Rechtsphilosophie, 1922 (S. 294 Fußn. 4 und 224 Fußn. 7) deutliche Zweifel an der Deutung *von Iherings* angemeldet. Vgl. auch *Arthur Kaufmann*, Recht und Gnade in der Literatur, in NJW 1984 S. 1062 (1068).

[82] Ich wage dies kaum zu unterstellen, möchte aber auch insoweit Parallelen zur Gegenwart nicht gänzlich ausschließen, nämlich zu Usancen manch modernen Wissenschaftlers, sich Pappkameraden aufzustellen, um sie dann bequem abschießen zu können, oder Gewährsleute durch manipulierte Zitate zu fabrizieren; ein neuestes Beispiel für diese beliebte Methode, die als bewährt insbesondere jenen empfohlen werden kann, die gern stets recht behalten, und die daher vor allem in Parteigutachten häufig erfolgreich praktiziert wird, findet sich bei *Horst Sendler* in DÖV 1984, S. 861 (862).

Sachsen, sozusagen die ganze Welt als seine schuldigen Widersacher an?[83] Aber einen solchen Zustand der „Verrückung", von dem noch zu sprechen sein wird, hat *Ihering* gewiß nicht gemeint.

f) Weitere Gemeinsamkeiten zwischen Kohlhaas und dem modernen Terrorismus

Weitere Gemeinsamkeiten zwischen Kohlhaas und den modernen Terroristen drängen sich auf. Ich will nicht weiter darüber reden, daß dergleichen „Vorbilder" Nachfolgetäter zu ähnlichem Tun geradezu animieren müssen, Täter, die sich ihrerseits – ohne die edlere Gesinnung ihrer Vorbilder – terroristischer Mittel bedienen, um ihr ganz privates Süppchen zu kochen. Das ging dem Kleistschen Kohlhaas so, dem die „Aussicht auf Beute unter dem Gesindel... Zulauf in Menge verschaffte"[84]; das ist heute nicht anders.

Entscheidender und gefährlicher ist eine immerhin vergleichbare geistige Haltung, die ihnen gemeinsam ist und sie in manchem auch Kleist selbst verwandt sein läßt. Auch Kleist, „ein Grübler von der verbohrtesten Unbedingtheit"[85], hat sich „an der gesellschaftlichen Realität wundgestoßen"[86], ist von einer „ebenso faszinierenden wie gefährlichen Maßlosigkeit"[87], von „Untergangsseligkeit", „störrischer Selbstbefangenheit" besessen[88], „erschreckend in seiner selbstzerstörerischen Glut", „befeuert vom Willen zum" (selbstverantworteten) „Absoluten"[89], gefangen in einem „Radikalismus seines Wesens, das nur unbedingte Verwirklichungen anerkennt", „pathologisch" durch „die Gewaltsamkeit der Entschlüsse, das Hindrängen zum Katastrophalen"[90], durch „die Überspitzung und das Absolutsetzen des Ichs"[91]. Das kennzeichnet Kleist –

---

[83] So die Deutung bei *von Wiese* (N 30) S. 51. Vgl. auch *Geyer* (N 50) S. 134, der den Größenwahn bei Kohlhaas gerade dadurch charakterisiert sieht, daß für diesen die Sache seines persönlichen Widersachers zu einer Arglist der ganzen Welt wird.

[84] Kohlhaas (N 64) S. 36; vor allem aber S. 65 f. und S. 90 mit der Schilderung des eigennützigen Nachfolge-Unternehmens seines Knechts Nagelschmidt. *Meyer-Benfey* (N 21) S. 128 macht zutreffend auf die zusätzliche Problematik aufmerksam, die darin liegt, daß der „edle" Kohlhaas auf die Hilfe von Menschen angewiesen war, „die von Natur ungerecht und verbrecherisch sind".

[85] *Friedrich Gundolf*, Heinrich von Kleist, 1922, S. 17; vgl. auch S. 18, wo Kleist von *Gundolf* „bei aller Kraft und Höhe eine tief unweise Natur" genannt wird.

[86] *Blöcker* (N 27) S. 161.

[87] *Kunz* (N 58) S. 674.

[88] *Blöcker* (N 27) S. 161.

[89] *Blöcker* (N 27) S. 16.

[90] *Benno von Wiese* in seinem Essay über den Tragiker Heinrich von Kleist bei *Müller-Seidel* (N 31) S. 197.

[91] *Horn* (N 33) S. 72.

natürlich nur partiell, aber immerhin – und manche seiner Gestalten, die an der eigenen Besessenheit zugrundegehen[92] – so auch Kohlhaas; es ist bezeichnend aber auch für die modernen Weltverbesserer. Dem entspricht ein Absolutheitsanspruch, ein Anspruch, der als absoluter auch mit absoluten Mitteln durchgesetzt und nicht relativiert wird durch andere Dinge, die dem Absolutheitsfanatiker mindergewichtig erscheinen müssen.

Doch nicht einmal das Recht ist eine absolute Größe und darf es nicht sein[93]. Es steht in Relation zu anderen Werten; auch bei seiner Durchsetzung dürfen Zweck und Mittel nicht außer Verhältnis geraten. Ein totaler Rechtsstaat, der das Recht um jeden Preis durchsetzen wollte, wäre so schlimm und so gefährlich wie jeder totale Staat; ein Fanatiker der Gerechtigkeit ist nicht besser als andere Fanatiker. Die „Diktatur der Gerechtigkeit", so ist in einer noch heute lesenswerten Kohlhaas-Studie aus dem Jahre 1937 gewarnt worden, „wäre ein Despotiephantom, das notwendigerweise nicht zum Recht, sondern zur willkürlichen Entscheidung eines irdischen Gottes führte, dem sich jeder unterzuordnen hätte"[94]. Was aber nicht einmal dem Staat erlaubt sein darf, das kann – jedenfalls in dem hier maßgeblichen Zusammenhang – beim einzelnen erst recht nicht geduldet werden.

So gewinnt denn zwar Kohlhaas seinen Kampf ums Recht – aber um welchen Preis! Der Preis seines Lebens mag als selbstverantworteter und selbst zu erbringender die Sache wert sein; beim Preis, den seine Familie zu entrichten hat, sieht es schon anders aus; unerträglich wird es aber, wenn man an all die vielen denkt, die Kohlhaas seinen Willküraktionen zum Opfer fallen läßt – Kleist erwähnt sie gar nicht –, obwohl sie mit seiner Sache nichts zu schaffen haben. Sein Drang nach Rache, geboren aus seinem einer Goldwaage gleichenden Rechtsgefühl, kennt kein Maß

---

[92] *Gundolf* (N 85) S. 54.

[93] *Emil Staiger* drückt dies so aus: „Michael Kohlhaas legt fürchterlich dar, daß unbedingte Gerechtigkeit jedwede Gemeinschaft der Menschen zerstört" (vgl. den Nachweis bei *Fink* – N 3 – S. 103 Fußn. 265). Ein so unverfänglicher Zeuge wie *Fricke* interpretiert Kohlhaas bereits 1929 in einer Weise, daß seine Aussagen fast durchweg auf idealistische Terroristen gemünzt sein können (vgl. *Fricke* – N 34 – S. 131 ff.).

[94] *Karl Schultze-Jahde*, Kohlhaas und die Zigeunerin (ein unscheinbarer, fast ablenkender Titel!), in: Jahrbuch der Kleist-Gesellschaft 1937 S. 109 (122). *Büttner* (N 22) S. 40 mit Recht: „Ideale Gerechtigkeit gibt es auf Erden nicht, sondern nur eine relative." Ähnlich *Huhn/Behrens* (N 59) S. 285 = Wiener Goethe-Verein S. 192: „Menschliches Streben nach Recht ist, ohne Unrecht zu tun, nur in Grenzen möglich." Schließlich *Kaufmann* (N 81) S. 1069: „Wer, wie Michael Kohlhaas, alles auf die Karte des Rechts setzt, wer das Recht verabsolutiert, der ist schon a priori im Unrecht und in der Heillosigkeit." Vgl. auch bei und in N 59.

und keine Grenze; Kohlhaas verletzt – in der juristischen Terminologie von heute – offensichtlich den Grundsatz der Verhältnismäßigkeit[95],[96]. Die, die ihm nachfolgen, tun nichts anderes[97].

Dies und das Bewußtsein, an rechtliche Grenzen nicht mehr gebunden zu sein, zeigt sich in einer nur scheinbaren Äußerlichkeit. Kohlhaas nennt sich in einem seiner Mandate, die er in seiner „Sache gegen den Junker von Tronka, als dem allgemeinen Feind aller Christen", erläßt, „einen Reichs- und Weltfreien, Gott allein unterworfenen Herrn"[98]; bei Kleist als dem Chronisten wird dies als „eine Schwärmerei krankhafter und mißgeschaffener Art" qualifiziert. Ein anderes Mal setzt Kohlhaas – „mit einer Art von Verrückung"[99] – unter eines seiner Mandate „Gegeben auf dem Sitz unserer provisorischen Weltregierung". Ist es nicht auch eine Art von Verrückung, wenn festgenommene terroristische Straftäter den Status von Kriegsgefangenen für sich in Anspruch nehmen?

Dabei handeln Kohlhaas und die Kriegsgefangenenaspiranten durchaus konsequent. Indem sie sich in einen anderen Status „verrücken", spielen sie keineswegs nur verrückt, sondern beanspruchen zugleich die Rechte oder Befugnisse derer, deren Stellung sie sich anmaßen: die des Souveräns bei Kohlhaas[100] und die des Soldaten bei unseren „Kriegsgefangenen". Soldaten im Kriege dürfen nun einmal Dinge tun, für die sie als zur Friedlichkeit verpflichtete Bürger höchste Strafen riskierten; und der Souverän, als den sich Kohlhaas gerierte, steht – jedenfalls in gewissem Umfang – jenseits von Gut und Böse und bestimmt selbst, was Recht und was Unrecht ist: „Quod licet Jovi, non licet bovi".

---

[95] Vgl. dazu auch *Gast* (N 62) S. 54 f.

[96] Ich lasse dabei offen, ob Rache überhaupt verhältnismäßig sein kann. Wahrscheinlich kann sie es. Dafür spricht das alte Rechts(?)-Sprichwort: Auge um Auge, Zahn um Zahn. Möglicherweise läßt sich zumindest in alten Kulturstufen Rache von Recht gar nicht sauber trennen.

[97] Das sind natürlich auch die Kämpfer für eine bei uns als gut anerkannte Sache, also z. B. afghanische Freiheitskämpfer, die mit ihrer Rebellen-Flak ein als solches erkennbares Verkehrsflugzeug beschießen (vgl. die bedenkenswerte Glosse von G. *Matthes* „Beim Lesen einer Meldung" in Tagesspiegel vom 27. 9. 1984 S. 14).

[98] Kohlhaas (N 64) S. 36.

[99] Kohlhaas (N 64) S. 41.

[100] Gewiß auch aus der Erwägung, die Sache göttlicher Gerechtigkeit gegen eine rechtlose Welt behaupten zu müssen, und zwar als „Begründer einer Diktatur der Gerechtigkeit", so wohl zu Recht *Eugen Wohlhaupter*, Dichterjuristen, Bd. I 1953, S. 532. *Braig* (N 38) S. 485 meint gar, Kohlhaas habe sich „durch seine Rechtschaffenheit an Gottes Stelle gesetzt" in einem an den Wiedertäufergeist erinnernden „Sendungs- und Erlösungsrausche". Übrigens meint Luther in seinem Sendschreiben an den sächsischen Kurfürsten, man müsse Kohlhaas „mehr als eine fremde, in das Land gefallene Macht" denn „als einen Rebellen ... betrachten" (Kohlhaas – N 64 – S. 49).

Das wird vollends deutlich, wenn man den Fall ein klein wenig abändert. Man stelle sich vor, der Kurfürst von Brandenburg hätte sich rechtzeitig – und nicht erst, wie bei Kleist, reichlich spät – für die Rechte seines Untertans Kohlhaas eingesetzt; er hätte, um den unerhörten Rechtsfrevel an seinem Untertan zu ahnden und diesem sein Recht zu verschaffen, entsprechende Kriegserklärungen wie die von Kohlhaas abgegeben, dabei freilich eine Etage höher und gleich auf den Kurfürsten von Sachsen zielen müssen; schließlich hätte er Sachsen mit Krieg überzogen und dabei jene Mittel angewandt, die auch Kohlhaas gebrauchte. Dann wären alle die von diesem begangenen Mordbrennereien und gewiß noch schlimmere als Kriegshandlungen gerechtfertigt gewesen[101, 102]; leider bietet die Gegenwart Beispiele vergleichbarer Art durchaus. Wahrscheinlich wäre ein solcher Herrscher in die Geschichte eingegangen als jemand, der nicht um nichtigen Gutes und schnöden Gewinstes willen – etwa wegen Schlesien – einen Krieg begonnen hätte, sondern um das Recht – selbst des letzten seiner Untertanen – zu schützen[103]. Als einziges Ungemach wäre einem solchen Herrscher vielleicht nur widerfahren, daß ihm Skeptiker ein so hehres Kriegsziel nicht geglaubt und dieses nur als Vorwand für ein ganz anderes vermutet hätten. So dicht können jedenfalls Recht und Unrecht beieinanderliegen[104].

---

[101] Allerdings liegt es nahe, zumindest bei einigen dieser Handlungen rechtswidrige Exzesse anzunehmen; aber daß in einem wirklichen Krieg „unter dem Strich" die Verluste noch viel größer wären, kann kaum zweifelhaft sein. *Meyer-Benfey* (N 21) S. 121 spricht reichlich nüchtern davon, wir müßten uns „also doch wohl bei der Auffassung beruhigen, daß der Kriegszustand diese Greuel eben mit sich bringt und entschuldigt, und daß dieser wilde Krieg für Kohlhaas nur Mittel zum Zweck ist."
[102] Auch diesen Gedanken hat Kleist sarkastisch in Worte gefaßt: „Zerstörte Felder, zertretene Weinberge, ganze Dörfer in Asche ... – Ach, wenn ein *einziger* Mensch so viele Frevel auf seinem Gewissen tragen sollte, er müßte niedersinken, erdrückt von der Last – Aber eine ganze Nation errötet niemals. Sie dividiert die Schuld mit 30 000 000, da kömmt ein kleiner Teil auf jeden, ..."; Brief aus Paris vom 28. (u. 29.) Juli 1801 an Adolphine von Werdeck (Kleists Werke – N 60 – S. 675). Um so erstaunlicher ist es, daß Kleist die Opfer von Kohlhaas kaum der Erwähnung für wert hält.
[103] Diese Vorstellung ist zumindest dann nicht abwegig, wenn man den preußischen Staatsmythos zum Maßstab nimmt. Jedenfalls legt ein Lesebuch für Oberklassen aus der Mitte des vorigen Jahrhunderts Friedrich Wilhelm I. die Worte in den Mund: „Wenn die Franzosen ein Dorf in Deutschland angreifen, so müßte der Fürst ein erbärmlicher Wicht sein, welcher nicht den letzten Blutstropfen daran setzte!"
[104] *Richard Matthias Müller*, Über Deutschland, 103 Dialoge, 2. Aufl. 1966, S. 142, vergleicht ebenfalls die private Rache des Kohlhaas mit einem Krieg, lehnt diesen Vergleich aber sarkastisch ab: „Denn wie wenige Kriege waren auch nur halb so gerecht wie Kohlhaasens Rache."

Es ist schon schlimm genug, daß das Völkerrecht es duldet oder
jedenfalls nicht verhindern kann, wenn Kriege überhaupt und nicht selten
um geringfügiger Anlässe willen geführt werden. Eher noch gefährlicher
wäre es, wenn wir in den Zustand vor Schaffung des modernen Staates der
Neuzeit zurückfielen und wenn in das Gewaltmonopol des Staates von
denen eingegriffen werden dürfte, die sich im Besitz ewiger Wahrheiten
und der absoluten Gerechtigkeit zu wissen glauben. Das bedeutete nicht
nur Revolution, sondern – schlimmer noch – Anarchie. Kohlhaas ist
sozusagen die Vorstufe dazu[105]; sein Handeln enthält zugleich die Warnung davor; diese Warnung ist von den modernen Terroristen glänzend
bestätigt worden.

Es ist wohl kein Zufall, daß ein so nüchterner Verfassungshistoriker
wie *Fritz Hartung* den Deutschen keine besondere Anlage zur Staatsbil-
dung zuschrieb und dafür unsere „Eigenbrötelei", die „Sehnsucht nach
einer Extrawurst" und „unser individualistisches Rechtsgefühl à la
Michael Kohlhaas" mit verantwortlich machte[106].

g) Unterschiede

Jeder Vergleich hinkt, so auch der zwischen Kohlhaas und den modernen Terroristen. Trotz mancher Parallelität, die eben nur einen Aspekt
seiner vielschichtigen Gestalt ausmacht, ist er in anderen Punkten weit
von ihnen entfernt.

Kohlhaas ist nicht von vornherein ohne Maß; damit mag er im Ausgangspunkt sogar mit manch idealistischem Vertreter des neueren Terrorismus übereinstimmen, etwa mit Ulrike Meinhof. Kohlhaas weiß um die
„gebrechliche Einrichtung der Welt"[107] – ein häufig vorkommendes Wort

---

[105] Mit Recht spricht *von Wiese* (N 30) S. 51 davon, daß Kohlhaas den Weg der
Anarchie gehe; und es ist bezeichnend, daß die Erfahrungen mit unseren terroristischen Anarchisten den Vergleich mit Kohlhaas und seinen „direkten Aktionen"
nahelegten und ihn zum „Prototyp des deutschen Anarchisten" avancieren ließen;
vgl. *Bartsch* (N 62) S. 25.
[106] *Werner Schochow*, Ein Historiker in der Zeit, Versuch über Fritz Hartung,
in: Jahrbuch für die Geschichte Mittel- und Ostdeutschlands, Bd. 32, 1983, S. 219
(244). Die stark individualistische Haltung von Kohlhaas betont auch *Horn* (N 33)
S. 74.
[107] Kohlhaas (N 64) S. 15. Aus gleichsam entgegengesetzter Sicht wird diese
Einstellung von Kohlhaas beanstandet bei *Horn* (N 33) S. 90 ff. und bei *Lilian
Hoverland*, Heinrich von Kleists Michael Kohlhaas jenseits der Gerechtigkeit, in:
Colloquia Germanica 1974, S. 269 (270). Horn – wohl „fortschrittlichem" Denken
verpflichtet – sieht in der Hinnahme des Gebrechlichen der Welt eine Apologie des
absoluten Staates; *Hoverland* bestreitet hingegen, daß es Kohlhaas überhaupt ums
Recht geht, weil er „auf die Ungesetzlichkeit der Welt eingestellt" sei (S. 270) und
entsprechend – z. B. mit Hilfe von Protektion und persönlichen Beziehungen –

bei Kleist. Ihm ist klar, daß die Welt ungerecht ist[108] und dies in gewissem Umfang einkalkuliert, ja nachsichtig und gelassen hingenommen werden muß; das zeigt deutlich sein Langmut und seine Bereitwilligkeit zu Nachgiebigkeit und Zugeständnissen beim Beginn seines Kampfes ums Recht[109]. Jenen Umstand rechnet er erkennbar „der allgemeinen Not der Welt"[110] zu; sie ändern zu wollen, kommt ihm gar nicht in den Sinn. Er weiß auch, daß sich, wie die Dinge nun einmal angesichts dieser gebrechlichen Einrichtung der Welt liegen, an einem gewissen Maß von Ungerechtigkeit mit den notwendig unvollkommenen menschlichen Mitteln nicht viel ändern läßt.

Unsere modernen Terroristen werden hingegen von dem Ziel beflügelt, die Ungerechtigkeit und das Unrecht schlechthin zu vertreiben. Für sie gibt es keine notwendig gebrechliche Einrichtung der Welt; sie gilt es vielmehr mit entsprechend harten und drastischen Mitteln – da anderes nicht hilft, auch mit terroristischen – zu verändern. Konkrete Vorstellungen, wie dieses gleichsam eschatologische Ziel aussieht, wohin die Reise gehen soll, darf man bei ihnen nicht erwarten; die Frage danach wäre aus ihrer Sicht schon illegitim. Sie wollen sozusagen etwas ganz anderes, ohne angeben oder sich wohl selbst vorstellen zu können, was dieses ganz andere ist; ja sie berühmen sich sogar, daß sie dieses ganz andere noch gar nicht wissen können und sie dafür eines Blankoschecks bedürfen.

Nicht so Kohlhaas. Er weiß um den Wert der Institutionen als der Garanten des Rechts und will daher weder jene noch dieses ändern; er will das Recht nur befolgt und vom Staat geschützt, also vermieden wissen,

---

agiere (z. B. S. 269); letztlich gilt Kohlhaasens Interesse nach *Hoverland* nicht der Gerechtigkeit, sondern seiner Rache (vgl. insbesondere S. 277).

[108] „Rechtstraumata erleiden wir alle..., deren Narben lebenslänglich schmerzen". So mit Recht *Hoche* (N 50) S. 101.

[109] Deswegen kann – entgegen *Johann Karl-Heinz Müller*, Die Rechts- und Staatsauffassung Heinrich von Kleists, 1962, S. 88 – keine Rede davon sein, Kohlhaas schwebe ein (utopischer) Staat vor, „in dem alle Ungerechtigkeit ausgeschlossen sein soll". Zu Unrecht stützt sich *Müller* dafür auf ein Mandat, in dem Kohlhaas das Volk aufrief, „sich, zur Errichtung einer besseren Ordnung der Dinge, an ihn anzuschließen" (Kohlhaas – N 64 – S. 41). Für Kohlhaas befand sich „die Welt in einer ... ungeheuren Unordnung" (N 64 S. 24). Nur dagegen versuchte er vorzugehen. Auch der Hinweis bei *Müller* S. 103 auf Kants Wort „Wenn die Gerechtigkeit untergeht, so hat es keinen Wert mehr, daß Menschen auf Erden leben", das *Müller* zutreffend in Entsprechung setzt zu der Formulierung bei Kohlhaas „Lieber ein Hund sein, wenn ich mit Füßen getreten werden soll, als ein Mensch" (N 64 S. 27), gibt für jene These von einem utopischen Staat, in der alle Ungerechtigkeit ausgeschlossen sein soll, nichts her. Außer einem Staat, in dem „die Gerechtigkeit untergeht", und dem, „in dem alle Ungerechtigkeit ausgeschlossen sein soll", gibt es glücklicherweise noch andere denkbare Möglichkeiten!

[110] Kohlhaas (N 64) S. 13.

daß – wie in seinem Fall – Willkür an die Stelle des Rechts tritt. Er will also weder die Gesellschaft noch die Staatsform noch das Recht umkrempeln, ist also gewiß kein Revolutionär[111]. Nach dem Dienst an einer abstrakten Idee steht ihm nicht oder allenfalls insoweit der Sinn, als er in seinem subjektiven Recht generell die Rechtsordnung, die Ordnung der Welt, verletzt sieht. Seine Hybris beginnt erst, nachdem alle sehr überlegt und wiederholt auf verschiedenen Wegen vorgenommenen Versuche[112] scheitern, sein eigenes, ganz konkretes Recht[113] zu erlangen, und er dabei schließlich als „unnützer Querulant" beschimpft wird, der die Staatskanzlei „mit solchen Plackereien und Stänkereien verschonen" solle[114]. Erst angesichts solcher besonders nachhaltiger Rechtskränkung empfindet er den „Schmerz, die Welt in einer so ungeheuren Unordnung zu erblicken"[114], und übernimmt – nachdem auch seine Frau, Mutter von fünf Kindern, bei einem jener Versuche ums Leben gekommen war – „sodann das Geschäft der Rache"[115].

---

[111] So mit Recht *Horn* (N 33) S. 64 ff., 75 f. sowie *Bloch* (N 45) S. 96. Man mag Kohlhaas, wie es auch Luther tut (Kohlhaas – N 64 – S. 43), einen Rebell nennen; so auch *Bartsch* (N 62) S. 28; für *Fischer* (N 41) war übrigens auch Kleist „zunächst und vor allem ein Rebell". *Lützeler* (N 2) S. 226 spricht zutreffend vom „Kampf eines einzelnen". Deswegen und wegen des auf Erlangung lediglich seines Rechts gerichteten Zieles geht es fehl, wenn *Hans M. Wolff*, Heinrich von Kleist als politischer Dichter, 1947, S. 429 Kohlhaas als „großen Revolutionär" und den „Versuch, die Staatsordnung als solche zu sprengen", als „revolutionäre Idee" (S. 430) bezeichnet. Allenfalls läßt sich sagen, Kohlhaas bediene sich revolutionärer Mittel, um sein letztlich privates Ziel zu erreichen; in Wirklichkeit sind es terroristische Mittel.

[112] Vielleicht hat Kohlhaas allerdings auch nach dem Recht des 16. Jahrhunderts den Rechtsweg nicht erschöpft – was Luther in seinem Gespräch mit Kohlhaas diesem entgegenhält (Kohlhaas – N 64 – S. 45/46, sowie dazu *Huhn/Behrens* – N 59 – S. 284 = Wiener Goethe-Verein S. 189), so jedenfalls wohl *Wohlhaupter* (N 100) S. 535, dazu und gegen die „Zulässigkeit" einer solchen Argumentation wegen Verwechselung von faktischer und geistiger Wirklichkeit mit wohl besseren Gründen *Fink* (N 3) S. 90 f. Gegen *Wohlhaupter* auch *Lützeler* (N 2) S. 225 f.

[113] Vgl. *Koch* (N 31) S. 290; weiter *Hermann Mannheim*, Rechtsgefühl und Dichtung, in: Zeitschrift für Rechtsphilosophie usw., Bd. 3, 1921, S. 251 (279 f.), der denn auch Kohlhaas einen „Repräsentanten des kaufmännischen Rechtsgefühls" nennt (dagegen freilich mit guten Gründen *Müller* – N 109 – S. 180), einen Individualisten wie jeden Kaufmann, der nur an sich und die eigene Sache denke und sozial indifferent sei; demgegenüber kämpfe Taras Barabola in *Karl Emil Franzos'* Roman „Ein Kampf ums Recht" gegen das Unrecht als solches und entwickele Solidaritätsgefühl (vgl. zu dem Roman von *Franzos* auch *Georg Jellinek* in Ausgewählte Schriften und Reden Bd. 1, 1911, S. 234 ff. sowie *Hans Fehr*, Das Recht in der Dichtung, 1931, S. 508 ff.). *Lützeler* (N 2) S. 220 nennt Kohlhaas einen „Vertreter des Handelsbürgertums".

[114] Kohlhaas (N 64) S. 24.

[115] Kohlhaas (N 64) S. 31.

Wohlgemerkt: das Geschäft der Rache, nicht der Gerechtigkeit; immerhin ist das ein Geschäft mit bestimmtem Ziel vor Augen, kein bloßer Amoklauf[116], der ohne Sinn und Verstand und ohne Zielsetzung draufloswütet. In dem Moment, da Kohlhaas sozusagen durchdreht, mit terroristischen Mitteln arbeitet und selbst Terrorist wird, geht es ihm nicht um sein Recht, sondern um Rache, um Rache freilich immerhin als Rechtsersatz, wenn auch nicht um Ersatz für künftiges ewiges, in den Sternen stehendes, dunkel erahntes, nebelhaftes Recht, sondern um Ersatz – „nur" – für ihm vorenthaltenes geltendes Recht.

Das wird deutlich, als ihm Luther nach ihrem Gespräch die Amnestie für seine Mordbrennereien verschafft und er die Überprüfung seines Falls auf Grund des geltenden Rechts erwarten und gute Hoffnung haben kann, damit zu seinem Recht zu kommen. Denn als die Aussicht winkt, daß sein Verfahren aus dem außerrechtlichen Zustand in den des Rechts übergeführt wird, kehrt auch Kohlhaas aus dem Zustand des Außersichseins in den der völligen Normalität zurück und wird gleichsam wieder lammfromm, so daß man kaum mehr versteht, wie derselbe Mensch nur wenig vorher als rasender Drache das Land verwüsten konnte[117].

Ganz anders beim modernen Terroristen. Ihm fehlen alle Voraussetzungen eines solchen nahezu übergangslosen Umschwungs vom terroristischen Wüten in vollkommene Friedfertigkeit. Gerechtigkeit im Einzelfall hat voraussetzungsgemäß keine Chance, einen Gesinnungswandel von Terroristen zu bewirken, weil Gerechtigkeit im Einzelfall auf Grund geltenden Rechts gar nicht ihr Begehr ist und schwerlich eine Damaskus-Erschütterung wie bei Kohlhaas auslösen kann. Sie wollen ja gerade das geltende Recht ändern. Es liegt also wohl nicht nur daran, daß wir heute keinen Luther mehr haben, wenn Männer wie *Heinrich Albertz, Helmut Gollwitzer* und ähnliche Größen der heutigen Kirche nicht imstande waren und sind, moderne Terroristen so schnell auf den Pfad der Tugend der Rechtlichkeit zurückzuführen, wie dies Luther mit Kohlhaas gelang.

Weil Kohlhaas das geltende Recht anerkennt, ist er auch bereit, sich unter sein Joch zu beugen. Er hat zwar schwerstes Unrecht begangen, um sein Recht durchzusetzen. Für beides zahlt er aber bereitwillig mit dem Leben; das mag versöhnlich stimmen. Er übernimmt wirklich die Verantwortung für sein Tun im Gegensatz zu jenen, die weitgehend anonym

---

[116] *Blöcker* (N 27) S. 215 nennt Kohlhaas allerdings einen „Amokläufer des Rechts".

[117] Aus medizinisch-psychologischer Sicht sucht *Geyer* (N 50) S. 140 f. diesen urplötzlichen Sinneswandel zu erläutern; dieser jähe Stimmungswechsel ist übrigens typisch für viele Figuren bei Kleist (so mit Recht *Erich Schmidt* – N 31 – S. 31).

bleibend und nur mit Worten aus dem Untergrund die sogenannte Verantwortung übernehmen. Nachdem ihm sein Recht zuteil geworden ist, seine beiden Rappen wieder aufgefüttert worden sind, Schadensersatz geleistet und sein Gegner gar bestraft worden ist, erkennt er die Todesstrafe als gerecht an und nimmt sie ohne Murren hin[118]. Von terroristischen Revolutionären oder Anarchisten kann man dergleichen nicht erhoffen; denn Respekt vor einem Recht, das als ungerecht bekämpft oder gar als nicht geltend behandelt wird, läßt sich nicht erwarten. Kurz: Kohlhaas ist einsichtsfähig, sie in der Regel nicht; er kehrt bereitwillig in die menschliche Ordnung zurück, sobald sich Anzeichen dafür finden, daß es ein Recht innerhalb jener Ordnung gibt[119].

Wenn man vor möglichen Mißverständnissen nicht zurückschreckt, mag man in Kohlhaas nur einen „halben", meinetwegen auch einen „querulatorischen" Terroristen sehen: Das Recht als solches akzeptiert er, nicht aber die Mängel seiner Durchsetzung; insofern hat er manch entfernte Ähnlichkeit mit Querulanten, deren querulatorische Betriebsamkeit häufig ebenfalls ihren Ausgangspunkt nimmt von einer wirklichen oder vermeintlichen, mehr oder weniger geringfügigen Rechtsanwendung zu ihren Ungunsten.

h) Kohlhaas kein Vorbild als Kämpfer ums Recht!

Trotz dieser Unterschiede, die Kohlhaas von den Terroristen unserer Zeit vorteilhaft unterscheiden: Ein Vorbild als Kämpfer ums Recht kann er nicht sein angesichts seiner Maßlosigkeit zumindest während seiner „Verrückung", also in der Zeit, da er „durchdreht" und es sozusagen ernst wird. Dafür sind die Opfer zu groß, die sein Kampf ums Recht forderte.

Dennoch kann man eigentlich nicht wünschen, daß er dem triumphierenden Unrecht des gegnerischen Junkers und des ihn stützenden Staatsapparats seinen Lauf hätte lassen und sich still hätte zufriedengeben sollen. Jedenfalls wünscht sich Kleist mit seiner Erzählung wohl kaum, daß der Leser dies wünsche[120]. Gerade darin liegt die Tragik von Kohlhaas

---

[118] Die Todesstrafe wird verhängt wegen des von Kohlhaas begangenen Landfriedensbruchs, für die der Kurfürst von Sachsen eine Amnestie – weil in die Zuständigkeit des Kaisers fallend – nicht gewähren konnte; freilich mag sich in dieser Haltung des Kohlhaas auch die Kleistsche Sehnsucht nach dem Tode – dichterisch sublimiert – ausdrücken, indem Kleist bei Kohlhaas den „Abschied vom Leben zum freudigen Triumph" werden läßt (vgl. *Blöcker* – N 27 – S. 31).

[119] *Blöcker* (N 27) S. 217.

[120] So mit Recht *Richard Matthias Müller*, Kleists „Michael Kohlhaas" in: Deutsche Vierteljahrsschrift für Literaturwissenschaft und Geistesgeschichte, Bd. 44, 1970, S. 101 (104); vgl. auch *Blume* (N 36) S. 168: Daß Kohlhaas „als der

begründet, daß er – unverschuldet in eine Zwickmühle geraten (und die Zwickmühle ist ja, salopp formuliert, das Wesen des Tragischen) – sich nur falsch entscheiden, nur schuldig werden kann, entweder gegenüber sich selbst oder gegenüber anderen.

Gewiß hat Kohlhaas zumindest zeitweise seinen Verstand verloren. Aber mindestens seit Lessings Emilia Galotti ist bekannt, daß, wer über gewisse Dinge seinen Verstand nicht verliert, keinen zu verlieren hat. Streiten läßt sich nur darüber, ob im Fall des Kohlhaas diese „gewisse Dinge" schon erreicht und die Grenzen überschritten waren, jenseits derer man seinen Verstand verlieren darf oder gar muß; ich neige eher zur Verneinung.

Aber man kann auch anderer Auffassung sein und mag das Verständnis für die tragische Verstrickung des Kohlhaas und des hinter ihm stehenden Kleist in so nüchtern-saloppe Formulierungen kleiden wie *Heinrich Heine*: „Vor kurzem hab ich auch den Kohlhaas von Heinrich von Kleist gelesen, bin voller Bewunderung für den Verfasser, kann nicht genug bedauern, daß er sich tot geschossen, kann aber sehr gut begreifen, warum er es getan."[121] Die Gefahr liegt eben zu nahe, an der Gebrechlichkeit der Welt und d. h. natürlich auch der eigenen zu scheitern, wenn und je mehr man das Absolute und die absolute Gerechtigkeit will[122]. In Kohlhaas steckt eben auch ein Stück jenes Rechtsbrechers, der wegen Verzweiflung über geltendes Recht und durch Verstoß gegen solches Recht als „Erneuerer des Gesetzes aus dem Ungesetzlichen"[123] künftigem Recht den Weg bereitet[124]: hier der Achtung und dem Schutz des gelten-

---

Schwache, da, wo tausend andere geschwiegen hätten, die Übergriffe frecher Willkür nicht einfach hinnimmt, sondern sich zur Wehr setzt, macht ihn größer zugleich und gefährdeter als den Durchschnitt, der, weil er sich duckt, nicht fallen kann. Dies ist das tragische Urgesetz Kleists..."
[121] Kleists Nachruhm (N 36) Nr. 662.
[122] In diesem Sinn mit Recht *Schultze-Jahde* (N 94) S. 124. Ähnlich liegt die Problematik in dem Roman von *Franzos* (N 113), dessen Held Taras Barabola mit seinem Rächertum unter der Last der Erkenntnis des Irrtums zusammenbricht, er oder irgendein anderer Sterblicher könne allein mit seinen unvollkommenen Kräften das Ideal der Gerechtigkeit auf Erden verwirklichen; so zutreffend *Mannheim* (N 113) S. 273. Kohlhaas und Taras haben gemeinsam, daß beide lediglich für die Verwirklichung der geltenden, nicht irgendeiner idealen Rechtsordnung kämpfen; sie unterscheiden sich darin, daß Kohlhaas für sein ihm verweigertes Recht kämpft, Taras hingegen für das verletzte Recht anderer (vgl. *Mannheim* S. 280 und *Jellinek* – N 113 – S. 236/37). Wie Kohlhaas beugt er sich schließlich dem Recht und nimmt die Todesstrafe als gerecht hin.
[123] *Blöcker* (N 27) S. 174.
[124] Vgl. auch *Gast* (N 62) S. 56.

den Rechts durch den Staat auch gegen die Kräfte, die ihn tragen[125] – und das ist von höchster Bedeutung, auch und gerade noch heute, wie die Erfahrungen der letzten Tage[126] beweisen.

5. Die doppelte Mahnung des Kohlhaas

So hält Kohlhaas eine doppelte Mahnung bereit: eine für den Staat und seine Organe, die andere für den Bürger. Die staatlichen Organe dürfen nie vergessen, daß das Recht ein viel zu empfindlich Ding ist, als daß man ihm den Schutz versagen und – wie der Junker von Tronka bei Kleist und heute so mancher – obrigkeitliche Befugnisse vernachlässigen oder mißbrauchen, den Staat als Selbstbedienungsladen und die Bürger als melkende Kühe behandeln dürfte. Dann nämlich kann jener Zustand eintreten, den Kohlhaas in seinem Gespräch mit Luther wie folgt umschreibt: „Verstoßen" (aus der Gemeinschaft des Staats) „nenne ich den, dem der Schutz der Gesetze versagt ist! Denn dieses Schutzes, zum Gedeihen meines friedlichen Gewerbes, bedarf ich; ... wer mir ihn versagt, der stößt mich zu den Wilden der Einöde hinaus; er gibt mir ... die Keule, die mich selbst schützt, in die Hand."[127] Daran hat *Isensee* vor knapp zwei Jahren von dieser Stelle aus nachdrücklich erinnert, als er das „Grundrecht auf Sicherheit" ebenso nachdrücklich anmahnte[128, 129].

---

[125] Auf diesen für Kleists Kohlhaas wesentlichen Gesichtspunkt weist z. B. *Müller* (N 109) S. 74 hin; vgl. auch *von Grolman* (N 32, Literarische Betrachtungen) S. 21: „denn *erst jetzt* passiert das eigentlich Empörende, als es sich zeigt, daß man den Geschädigten nicht oder nur oberflächlich anhört, daß die berufenen Organe über die wesentlichen Dinge hinwegschwätzen, korrumpiert, wie sie sind, Rücksichten nehmen, Ausflüchte suchen und es mit der mächtigeren Partei ... nicht verderben wollen." So völlig unbekannt sind solche Erscheinungen auch heute nicht.

[126] Die späten Oktobertage 1984 brachten nicht nur neue Sensationen in der Flickaffäre, sondern auch den Rücktritt des damaligen Bundestagspräsidenten Barzel.

[127] Kohlhaas (N 64) S. 45; wenig später (S. 51) läßt Kleist den Prinzen Christiern von Meißen sagen, die Sache des Kohlhaas sei, „wie bekannt, sehr gerecht", man habe ihm „das Schwert, das er führe, selbst in die Hand gegeben."

[128] *Josef Isensee*, Das Grundrecht auf Sicherheit, Zu den Schutzpflichten des freiheitlichen Verfassungsstaats, 1983 (Schriftenreihe der Juristischen Gesellschaft Berlin, Heft 79), S. 59. Vgl. auch *Wilhelm von Humboldt*, Ideen zu einem Versuch, die Grenzen der Wirksamkeit des Staats zu bestimmen, Kap. IV: „Ohne Sicherheit vermag der Mensch weder seine Kräfte auszubilden, noch die Frucht derselben zu genießen; denn ohne Sicherheit ist keine Freiheit." Auch der wohl durchaus „fortschrittlich" gesinnte *Horn* (N 33) S. 70 sieht den Sinn des Staats im Schutz der Rechte des Bürgers.

[129] Auch die Verfilzungserscheinungen und die Vetternwirtschaft, die Kleist anprangert, enthalten eine durchaus aktuelle Mahnung; die Junker Hinz und Kunz

Die zweite Mahnung des Kohlhaas, die für den Bürger, ist freilich genauso wichtig, daß er nämlich die Keule, die ihm der Staat durch sein Fehlverhalten in die Hand zu drücken scheint, nicht vorzeitig schwingen[130] und vor allem nicht überdosiert einsetzen darf[131]. Das Widerstandsrecht – und das Verhalten von Kohlhaas ist eine Form desselben[132] – ist mit Recht an engste Voraussetzungen gebunden.

Kurz: Kleists Kohlhaas ist kein Vorbild, sondern eine Warnung für den Staat wie für seine Verächter.

6. Kohlhaas als typisch deutsche Novelle?

Beide Warnungen sind im Kohlhaas weder von dem einen noch von dem anderen Kontrahenten beachtet worden. Hängt es damit zusammen, daß man konstatiert hat, nicht zufällig sei der Kohlhaas eine deutsche Novelle?[133] Leiden wir in besonderem Maße unter Streit- und Prozeßlust? Wird damit eine besonders empfindliche Stelle in unserem Nationalcharakter berührt, die sich auch darin zeigt, daß wir schon seit einiger Zeit unsere Kinder dazu erziehen lassen, Konflikte anzusteuern, statt sie auszugleichen und zu bewältigen?[134]

Vielleicht sollte man mit solchen verallgemeinernden Unterstellungen vorsichtig sein und in den angedeuteten Erscheinungen eher zeittypische Moden sehen und nach einem Wort *Jacob Burckhardts* die Völker mit Generalsentenzen dieser Art in Ruhe lassen[135]. Auch andere Völker haben ihre Dichtungen, die den Kampf ums Recht zum Gegenstand haben[136],

---

von Tronka – die Namenswahl ist gewiß nicht zufällig – als Vettern des Junkers Wenzel von Tronka, von dessen Willkür das Unglück des Kohlhaas seinen Ausgang nahm, waren in der sächsischen Staatskanzlei diejenigen, die die Rechtssache des Kohlhaas solange unterdrückten, bis darüber der ganze Staat ins Wanken geriet.

[130] Auch Kleists Text spricht davon, daß Kohlhaas „wegen des allzuraschen Versuchs, sich selbst ... Recht verschaffen zu wollen" (Kohlhaas – N 64 – S. 100), seine Strafe erleidet.

[131] Vgl. auch die Warnung von *Joseph von Eichendorff* gegenüber Kleist und Michael Kohlhaas: „Hüte jeder das wilde Tier in seiner Brust, daß es nicht plötzlich ausbricht und ihn zerreißt!" *Eichendorff* spricht weiter von einer Steigerung „bis zum wahnsinnigen Fanatismus" bei Kohlhaas; vgl. Schriftsteller über Kleist. Eine Dokumentation (Hrsg. *Peter Goldammer*), 1976, S. 75.

[132] Dazu im einzelnen *Lützeler* (N 2) S. 229 ff.

[133] So *Konrad Redeker* in AnwBl. 1981, 419 r. Sp., dazu *Horst Sendler* ebenda; vgl. ferner *Bartsch* (N 62) S. 28: „Nur ein deutscher Anarchist ... empört sich allein aus verletztem Rechtsgefühl."

[134] Vgl. *Redeker* und *Sendler* (N 133) S. 419 l. Sp.

[135] *Mannheim* (N 113) S. 255.

[136] Erinnert sei z. B. an den bereits in N 113 erwähnten Roman von *Franzos*, an *Calderons* Richter von Zalamea, weiter vielleicht an *Puschkins* Dubrowski (den

möglicherweise allerdings mit anderer Tendenz als Kohlhaas, der die Durchsetzung seines Rechts geradezu als Pflicht sich selbst und anderen gegenüber empfindet und insofern preußische Züge tragen mag.

Joseph Roth in seinen trauervollen Abgesängen auf das alte Österreich hat über die „Drachensaat" und die „Barbaren der absoluten Gerechtigkeit" geklagt, die ihren Brüdern, den „Barbaren der stupiden plebejischen Ungerechtigkeit", den Weg geebnet hätten[137]; er hat sich wehmütig jener k. u. k.-Grundsätze einer vergangenen Zeit erinnert, die ein Klima des Miteinander-Auskommen-Könnens ohne Perfektion und übertriebene Konsequenz mit einem Schuß behutsamer Schlamperei erzeugten[138], die man heute aber „verlogen" nenne, weil wir so viel unerbittlicher seien, unerbittlich, ehrlich und humorlos[139]. Davon steckt etwas auch im Kohlhaas, auch die „Enge und Härte", in der der schon erwähnte *Fritz Hartung* die nie überwundene Schwäche Preußens sah[140], die zwar gewiß Größe, tragische Größe produzierte, aber auch die Lust am Untergang wie bei Kohlhaas einschloß – wohl auch seine Gnadenlosigkeit; denn er wollte und gewährte keine Gnade[141].

IV. Der Kohlhaas des täglichen Lebens

Der Tragödie – denn Kleists Kohlhaas ist eine Tragödie – folgt das Satyrspiel. Die trotz allem große und in ihrer Außerordentlichkeit einmalige Persönlichkeit des Michael Kohlhaas degeneriert zum Kohlhaastyp des täglichen Lebens, also zur Alltagserscheinung.

1. Seine Konturenlosigkeit

Im Vergleich zum historischen und zum Kleistschen Kohlhaas ist er am verschwommensten und konturlosesten; er zerfließt in den verschieden-

---

Lukács – N 48 Probleme des Realismus II – in seiner Animosität gegenüber Kleist wohl etwas unfair gegen Kohlhaas ausspielt). Neuerdings berichtet *Martin Gregor-Dellin* von einem jugoslawischen „Michael Kohlhaas" in FAZ vom 17.4.1984, S. L 5 in der Besprechung des Romans von *Miroslav Krleza* aus dem Jahre 1938: Ohne mich. Eine einsame Revolution.
[137] *Joseph Roth*, Kapuzinergruft, Roman, Kap. XVI.
[138] *Jürgen Salzwedel*, Staat und Gesellschaft im Denken Robert Musils (Schriftenreihe Frankfurter Juristische Gesellschaft Heft 4), o.J. S. 37; die Ausführungen *Salzwedels* beziehen sich zwar auf *Musil*, treffen aber auch die Einstellung von *Joseph Roth*.
[139] *Joseph Roth*, Radetzkymarsch, Roman, 13. Kapitel. So abwegig ist es daher nicht, wenn man in Schwejk den „sympathischen Gegenpol" zu Michael Kohlhaas sieht (so *Wolfgang Sandner* in FAZ vom 16.2.1984 S. R 9).
[140] *Schochow* (N 106) S. 246.
[141] Darauf weist zutreffend *Kaufmann* (N 81) S. 1068 hin; ebenso *Büttner* (N 22) S. 36 sowie *Huhn/Behrens* (N 59) S. 283 = Wiener Goethe-Verein S. 186.

sten Erscheinungsformen. Einen Kanon mit halbwegs festumrissenen Grenzen, was man alles diesem Typus zurechnen kann, gibt es nicht. Gemeinsam ist allen Trägern dieser Bezeichnung, daß sie – wenn man etwas boshaft übertreibt – mit dem Kleistschen Kohlhaas kaum etwas gemeinsam haben; sie teilen nur gewisse Randerscheinungen mit ihm, die jedenfalls nicht den Kern betreffen.

Jeder kennt Vertreter dieses Typs, aber jeder kennt sie anders. Während der historische und der Kleistsche Kohlhaas ihr wirkliches, grob verletztes Recht in extremen Situationen erkämpfen wollen – freilich mit schließlich völlig unangemessenen Mitteln –, liegt es beim Kohlhaas des täglichen Lebens meist gerade umgekehrt. Er verfolgt Quisquilien mit einem Einsatz, der besserer Dinge wert wäre, meist aber und vor allem ein vermeintliches Recht in der Regel mit durchaus zulässigen, von der Rechtsordnung zur Verfügung gestellten Mitteln, freilich in exorbitanter, aber dennoch grundsätzlich zulässiger, wenn auch öfters schon mißbräuchlicher Inanspruchnahme derselben. Das Bekümmernde liegt nicht selten darin, daß am Beginn seiner querulatorischen Laufbahn irgendein kleiner Rechtsfehler vorgekommen sein mag, der inzwischen zwar durch die Ereignisse längst überholt ist, aber in seinem Denken und Fühlen ein Eigenleben entwickelt. Er gibt nämlich dem Betroffenen die fixe Idee, das Vorurteil, ein, er werde fortlaufend zu Unrecht um das gebracht, was er für sein Recht hält, und läßt Einsicht – anders als beim echten Kohlhaas – kaum mehr erhoffen[142, 143]. Er ist dabei von oft erstaunlicher Geschicklichkeit in der Argumentation und manchmal im Besitz umfangreicher, freilich regelmäßig nur halb verdauter Rechtskenntnisse, aber selbst um die dümmsten Argumente nicht verlegen, die ebenso wie Vorurteile bekanntlich am schwersten zu widerlegen sind. Im Grunde genommen ist es „nur" die maßlose Inanspruchnahme zulässiger Mittel für ein falsches Ziel, die sein Verhalten unangemessen, aber eigentlich nur lästig und im allgemeinen kaum rechtswidrig erscheinen läßt. Der Kleistsche Kohlhaas ist hingegen nicht nur lästig, sondern in dem hier interessierenden Punkt gemeingefährlich; er verteilt nicht nur Mückenstiche, die allerdings

---

[142] Für *Hoche* (N 50) S. 100 unterscheidet sich der querulierende Psychopath vom gesunden Rechtskämpfer dadurch, daß er – im Gegensatz zu diesem – nicht wieder aufhören kann. So auch *Geyer* (N 50) S. 141.

[143] Ein Bild von dieser bedeutsamen Erscheinungsform des Kohlhaastyps in Gestalt des Querulanten ist gezeichnet in der Studie „Der Querulant" von *Fritz Werner* (N 29) S. 406 ff. Zum „Rechtsgefühl der Querulanten" vgl. auch *Hoche* (N 50) S. 94 ff. *Werner* weist mit Recht darauf hin, daß der Querulant ein „Prüfstein für einen wirklich vorbildlichen Beamten" (S. 410) (und auch für einen guten Richter!) darstellt; nicht sicher bin ich mir allerdings, ob die Behandlung von Querulanten stets als „ein Ruhmesblatt unserer Verwaltung" (so *Werner* S. 406) angesehen werden kann.

schmerzhaft sein können, sondern schlägt mit der Keule zu, und zwar tödlich.

2. Nur unerhebliche Gemeinsamkeiten mit dem Kleistschen Kohlhaas

Natürlich hat der landläufige Kohlhaastyp auch manche Gemeinsamkeiten mit dem Kleistschen Kohlhaas: den verbissenen Ernst, psychopathische und querulatorische Züge, die auch jenem nicht fehlen; aber das Unbedingte, die unerbittliche Konsequenz, die nachgerade archaische Strenge und Härte, die Tragik und damit auch die Größe seines Namenspatrons fehlt ihm in aller Regel; das wird nicht selten durch eine Portion Wehleidigkeit ausgeglichen. Gewiß kommt es vor, daß ein solcher Kohlhaas sozusagen im Westentaschenformat in bitterbösen Worten versichert, er sei „in Anbetracht des ihm zugefügten schweren Unrechts zu allem, aber wirklich zu allem fähig", um zu seinem Recht zu gelangen. Aber das sind nahezu immer verbale Exzesse, die den Schreiber eher lächerlich wirken lassen, als daß sie den Schrecken auslösen könnten, den der echte Kohlhaas verbreitet. Es ist eine extreme Ausnahme, wenn wirklich jemand – wie es vor einigen Jahren geschehen ist – mit seinem Bulldozer ein Gerichtsgebäude rammt, um gegen ungerechte Urteile zu protestieren, von denen übrigens zumindest eines zwar rechtskräftig, aber wohl falsch war[144]: ein Fall übrigens, der sogar zum Schmunzeln Anlaß gibt, weil in dem folgenden Strafverfahren nicht der Angeklagte, sondern ein Richter Kohlhase hieß und erfreulicherweise zu einem sehr milden Urteil kam, das der Angeklagte denn auch prompt als „Kriegserklärung" bezeichnete. In dem Bericht über die jüngste Ohrfeigenaktion eines Richters „im Einsatz für sein Weltbild", den man habe „wuchern lassen in Einsamkeit und Wahn hinein – in die gräßliche Querulanz eines hochqualifizierten Volljuristen"[145], habe ich das Reizwort des neuen Michael Kohlhaas im Richtergewand geradezu vermißt.

Sonst geht man nämlich mit dieser Vokabel recht großzügig um. Da wird über Querulanten oder über Prozeßhansel in der Art eines Michael Kohlhaas geklagt, die einen Aufwand an Zeit, Arbeits- und Nervenkraft erfordern, der in gar keinem Verhältnis stehe zu der Bedeutung der von ihnen erhobenen vermeintlichen Ansprüche[146]. Der verstockte, nur auf sein Recht pochende Angeklagte wird mit Michael Kohlhaas verglichen[147].

---

[144] Vgl. den nachdenklich machenden Bericht von *Gerhard Mauz* in Spiegel Nr. 5/1984 S. 82.

[145] *Gerhard Mauz* in Spiegel Nr. 42/1984 S. 130, 131, 137.

[146] *Martin Baring* in DÖV 1959, S. 161 (163).

[147] *Kaufmann* (N 81) S. 1063.

Einer Gemeinde, die sich erkühnt, sich bis zur Verfassungsbeschwerde hin gegen den Entzug der Zuständigkeit für die Abfallbeseitigung zu wehren, wird eine „Kohlhaas-Attitüde" nachgesagt[148]. Einer, den man im Verdacht hat, er könne auf die Idee kommen, die neuere Rechtsprechung des Bundesverfassungsgerichts zur Grundrechtsrelevanz von Verfahrensvorschriften zwecks bequemer Begründung von Klagen auszuschlachten, muß sich den Vergleich mit Michael Kohlhaas gefallen lassen[149] oder wird – je nach Betrachtungsweise – in dessen Rang erhoben. Inzwischen hat Kohlhaas den Bereich des Juristischen längst hinter sich gelassen und sich ins Allgemeinmenschliche ausgewachsen, so zum Doppelnamen Kohlhaas-Hackethal als dem „hemdsärmelig kohlhaaseschen Poltergeist des deutschen Medizinbetriebs"[150].

Kurz: Das Wort vom Kohlhaas fließt uns – ins Sprichwörtliche erhoben – allzu locker über die Lippen, ist damit zugleich zum Allerweltswort degradiert und dient inzwischen der Kennzeichnung beinahe all jener etwas auffälligen Persönlichkeiten, die den Bereich durchschnittlicher Angepaßtheit und Normalität zu verlassen wagen. Es wäre eine genauere Untersuchung wert, wie es eigentlich allmählich zu dieser „derben Vergröberung"[151] oder auch groben Verfälschung des Kohlhaas-Bildes im täglichen Sprachgebrauch gekommen ist, wie also die kleinen, letztlich ungefährlichen, wenn auch meist unsympathisch-lästigen, verbissenen und entnervenden Querulantentypen, ja sogar sympathisch Unangepaßte mit dem Namen des Kohlhaas in Verbindung gebracht werden, während diejenigen, die ihm als Terroristen in ihrer Unbedingtheit und gefährlichen Zielgerichtetheit sehr viel mehr gleichen, dieses Beiwort entbehren müssen, das freilich kaum mehr als schmückend empfunden wird, sondern durchaus negativ besetzt ist.

3. Der Drang zum Recht als Schubkraft für Kohlhaas-Typen?

Vielleicht kommt es aber doch nicht von ungefähr, wenn mein verehrter Vorgänger *Fritz Werner* glaubte feststellen zu können, es habe noch nie so viel Menschen gegeben, die dem Michael Kohlhaas verwandt sind, und zwar deswegen, weil in unserer Zeit ein mächtiger Drang zum Recht,

[148] *Frido Wagener* in DÖV 1984, 168.
[149] *Hans-Werner Rengeling* in DVBl. 1981, S. 323 (325).
[150] Spiegel Nr. 18/1984 S. 238 und 239. Zutreffender wäre es, wenn der Vergleich mit Kohlhaas nicht auf hemdsärmelige Poltergeistigkeit, sondern auf Kompromißlosigkeit zielen würde; in diesem Sinn mag es – vielleicht – angehen, wenn *Ernst Niekisch* als bayerischer Michael Kohlhaas bezeichnet wurde; vgl. das Zitat bei *Stocker* (N 22) S. 71.
[151] So *Blöcker* (N 27) S. 213.

jedenfalls zum Rechthaben bestehe[152]. Denn der Drang zum Recht war gewiß die mächtige Schubkraft für die Aktivitäten von Kohlhaas. Heute hat dieser Drang in der Tat neue, früher ungeahnte Dimensionen angenommen, die das Vorbild von Kohlhaas – wenn es denn eines wäre – zusätzlich gefährlich machen. Der Staat soll nicht lediglich, was Kohlhaas nur wollte, die Rechte des einzelnen vor der Verletzung durch andere schützen; er soll vielmehr auch Rechte zum Ausgleich von Schicksalsschlägen gewähren. Das kann in einem dem sozialen Gedanken verpflichteten Staat gewiß nur bejaht werden. Bedenklich wird es erst, wenn das einer Goldwaage gleichende Rechtsgefühl so empfindlich reagiert, daß es schon in einer mehr oder weniger geringfügigen Beeinträchtigung einen ausgleichsbedürftigen Schicksalsschlag ausmachen zu können meint.

4. Übersteigertes Rechtsgefühl als Gefahr

Eine solche Überempfindlichkeit gegenüber dem Recht und der Gerechtigkeit mitsamt der damit verbundenen Erwartungshaltung verkennt, was diese zu leisten vermögen, und müßte zwangsläufig zu deren Überanstrengung führen.

Das allzu ausgeprägte, der Goldwaage vergleichbare und höchste Gerechtigkeit im *Einzelfall* anstrebende Rechtsgefühl gerät allzu leicht in Gefahr, Ungleichgewichtigkeiten im *ganzen* zu produzieren und einen Zustand ähnlich dem eines rein gestimmten Klaviers hervorzubringen, das bekanntlich sauber nur in wenigen Tonarten bespielbar, im ganzen aber unstimmig ist; ein Klavier bedarf vielmehr der geringfügig unsauberen, der wohltemperierten Stimmung, wenn es in allen Tonarten für den normalen Menschen rein klingen soll, für den, der bedauerlicherweise zu empfindliche Ohren hat, freilich unsauber klingt. Dieses Wohltemperierte fehlt denen, die mit zu genauen Ohren und einem zu empfindlichen Rechtsgefühl geplagt sind[153]. Das übersteigerte Rechtsgefühl kann partiell

---

[152] *Werner* (N 29) S. 192; zweifelhaft ist mir freilich, ob man von einer engstirnigen Michael-Kohlhaas-Gesinnung sprechen sollte, wie es *Werner* tut.

[153] *Hoche* (50) S. 18 spricht von dem „mit lebhaftem Rechtsgefühl beschenkte(n), man könnte auch sagen bestrafte(n) Mensch(en)". Auch auf die Gefahr hin, mißverstanden und beschimpft zu werden, erwähne ich – ohne dies zu werten – die Feststellung *Hoches* S. 85, „einsichtige Beobachter der deutschen Volksseele" hätten „unsere Neigung, die Forderungen des Rechtsgefühls ... überhoch zu bewerten, immer gekannt"; die Reihe reiche von *Klopstocks* Mahnung: „Sei nicht allzu gerecht, mein Volk" über *Goethes* Zeilen: „Gerechtigkeit – Eigenschaft und Phantom der Deutschen" bis zu der modernen Formulierung: „Der Deutsche leidet von alters her an einer Hypertrophie der Gerechtigkeitsdrüse". Wo das Gerechtigkeitsgefühl zu empfindlich reagiert, ist übrigens auch die Selbstgerechtigkeit nicht allzu weit entfernt.

rechtsblind oder genauer: unrechtsblind machen, nämlich blind gegenüber dem selbstbegangenen Unrecht[154]; Kohlhaas ist ein gutes Beispiel für diese schlechte Sache.

Es ist einmal davon gesprochen worden, Bulldogge wie Zwergpinscher – wohl als Sinnbild für Arme wie Reiche – verdienten beide Schutz, wenn ihnen das Fell über die Ohren gezogen werden solle, müßten aber den Mückenstich gleichermaßen erdulden[155]. Heute hat man oft den Eindruck, als habe sich die Schmerzgrenze allzusehr in Richtung auf den Mückenstich verschoben, gegen den man dann – in nur scheinbarer Kohlhaas-Manier – mit verbissener, querulatorischer Energie anrennt, so etwa, wenn ein Amtsrichter wegen Kosten von 30 DM durch alle Instanzen bis zum Bundesverfassungsgericht wandert, um dort scheinheilig-dümmlich, aber vielleicht besten Glaubens, zu versichern, es gehe ihm natürlich nicht um die 30 DM oder gar um Prinzipienreiterei, sondern ums Prinzip[156]; bekümmern muß, daß manche unsinnigen Rechtsmittel und Verfassungsbeschwerden ohne den Rat und die tätige Mithilfe von Rechtsanwälten wahrscheinlich nicht eingelegt worden wären.

Ein solches Verhalten hat sicher viele Gründe, so wohl z. B. auch den, daß wir allmählich eine recht wehleidige und unruhig-unzufriedene, gegen individuelle Schicksalsschläge überempfindliche Generation herangezogen haben. Das mag auch damit zusammenhängen, daß es nachgerade als Ausweis der Mündigkeit des Bürgers galt und gilt, wenn dieser sich gegen Handlungen der Verwaltung, die ja oft auch von sich volksnahe gebenden Politikern geradezu verteufelt wird, vor Gericht zur Wehr setzt oder gegen sie Forderungen erhebt[157]. Wenn manchmal der Staat – auch von Politikern – als besserer Selbstbedienungsladen behandelt wird, wobei manches als zumindest milde Korruption erscheinen kann, zugleich aber die allgemeine Sensibilität gegenüber solchen Erscheinungen mit Recht gewachsen ist und wiederum von Staats wegen gefördert wird, wenn andererseits die hehren Versprechungen, die zumal in Wahlzeiten gegeben zu werden pflegen, sich immer weniger erfüllen lassen, also die Schere zwischen Anspruch und Wirklichkeit immer weiter auseinanderklafft, dann steht ein äußerst fruchtbarer Nährboden für die Aufzucht eines Heeres von kleinen Kohlhasen – oder auch von Aussteigern –

---

[154] *Fehr* (N 113) S. 466: „Eine solche Überspannung des Rechtsgefühls hat schließlich mit Recht nichts mehr zu tun." Wie alles ins Übermenschliche Tendierende trägt dergleichen unmenschliche Züge.

[155] *Eugen Schiffer*, Die Deutsche Justiz, 1928, S. 179.

[156] *Ernst Benda* in DRiZ 1979, 357 (362).

[157] Vgl. *Horst Sendler* in Zeitschrift für Rechtspolitik 1979, S. 227 (232) und AnwBl. 1981 S. 419.

bereit[158]. Deren vereinigter Ruf nach größerer und absoluter Gerechtigkeit – so töricht er ist, weil mit dem Wunsch nach dem Unmöglichen meist auch das Mögliche verfehlt wird – wird notwendig enttäuscht werden müssen[159].

V. Höchst unvollkommene Antwort auf die Gretchenfrage nach der Gerechtigkeit

Denn was ist Gerechtigkeit? Damit bin ich zum Schluß wieder am Anfang angelangt; die Frage, wie wir es mit Kohlhaas halten, ist ja letztlich die Gretchenfrage nach der Gerechtigkeit. Ich habe mich schon eingangs durch den Hinweis abzusichern versucht, daß Gretchenfragen selten eine präzise Antwort erfahren und eher zum Drumherumreden veranlassen. Das habe ich denn auch – sozusagen versprechensgemäß – eine Stunde lang getan. Seien Sie also nicht zu sehr enttäuscht, wenn ich Ihnen keine konkrete, sozusagen aus sich selbst heraus vollzugsfähige Definition der Gerechtigkeit mit auf den Weg geben kann[160]. Jurist kann eben nur sein, „wer der Einsicht standzuhalten vermag, daß die Rechtswissenschaft so wenig wie die Philosophie und die Theologie lehrt, was Gerechtigkeit letztlich ist."[161]

Selbst das Bundesverfassungsgericht kann dies offenbar nicht. Es ist nämlich bezeichnend, daß das Bundesverfassungsgericht wohl noch nie positiv und konkret ausgesprochen hat, was gerecht ist, sondern allenfalls von der Negation her bestimmt, was nicht mehr als gerecht angesehen werden kann[162]. Dies dürfte auf der Erkenntnis beruhen, daß Gerechtigkeit sich inhaltlich nicht bestimmen läßt und absolute Werturteile nicht

---

[158] Zu anderen Fällen der Gefahr, Kohlhaase gedeihen zu lassen, vgl. N46.

[159] Dies nicht nur deswegen, weil der Staat gewiß kein ehrbarer Kaufmann ist, auch wenn er vielleicht gut daran täte, sich diesen in seinem Verhalten zum Vorbild zu nehmen (vgl. die abweichenden Meinungen von *von Schlabrendorff* in BVerfGE 37, 418 sowie von *Benda* und *Katzenstein* in BVerfGE 58, 133.

[160] Wie schwierig die Suche nach der Gerechtigkeit ist, mag man einem bissigen Aperçu von *Thomas Mann* entnehmen; er hat – verärgert über die wirkliche oder vermeintliche Ungerechtigkeit Goethes gegenüber Kleist – in Analogie zu der Bemerkung Goethes „Nur die Lumpen sind bescheiden" gefragt, ob etwa nur die Lumpen gerecht sind (in seinem geistblitzenden Essay über Amphitryon bei *Müller-Seidel* – N31 – S.54). Nun bin ich betriebsblind genug, um dies nicht einmal als Frage gelten lassen zu können. Aber diese Frage läßt wenigstens Verständnis für den praktisch tätigen Juristen erhoffen, der mit der Beantwortung jener Gretchenfrage seine Schwierigkeiten hat.

[161] So *Paul Bockelmann*, zitiert bei *Werner Hülle* in JuS 1984 S.748 (752 bei Fußn. 51).

[162] Vgl. z. B. BVerfGE 20, 323 (331); 21, 378 (388); 28, 264 (277f.); 48, 227 (235); ferner 60, 253 (268f.); 15, 313 (322f.); vgl. weiter *Ernst Benda*, Grundrechtswidrige Gesetze, 1979, S.18 mit dem Hinweis, die Gerechtigkeit sei auch

möglich sind[163]. Als praktisch tätiger Jurist muß man schon zufrieden sein, wenn es gelingt, Unrecht – insbesondere grobes Unrecht – zu vermeiden oder zu beseitigen[164]. Wenn der Jurist die Gerechtigkeit – falls jemand weiß, was das genau ist – oft nur annäherungsweise erreicht und nicht selten verfehlt, darf er ebensowenig verzweifeln wie der Arzt, dem trotz besten Bemühens ein Patient stirbt, obwohl eines so schlimm ist wie das andere. Das ist wohl der Hauptgrund, warum man Jurist – und insbesondere Richter – nur mit schlechtem Gewissen sein kann[165].

Was den Kleistschen Kohlhaas anlangt, kann freilich kein Zweifel bestehen, daß die Gerechtigkeit ihm gegenüber grob verfehlt wurde und er zur Empörung allen Anlaß hatte. Aber zweifelhaft kann ebensowenig sein, daß er seinerseits die Maßstäbe der Gerechtigkeit evident verletzt hat.

VI. Empfehlung für eine Lektüre

Sie haben gewiß bemerkt, daß ich die Geschichte des Kleistschen Kohlhaas nicht nacherzählt habe. Dies nicht ohne Grund. Zum einen schien es mir taktlos zu sein zu unterstellen, Sie kennten Ihren Kleist nicht. Zum zweiten hätte es allenfalls ein billiger Abklatsch dessen sein können, was Kleist uns so vielschichtig darbietet. Drittens und vor allem würde aber der Zweck meines Vortrages, wie man am Schluß eines solchen zu sagen pflegt, erst so recht erfüllt sein, wenn Sie ihn zum Anlaß nähmen, Kleists Kohlhaas mal wieder zu lesen.

---

und in erster Linie eine politische Kategorie, was allerdings nicht einschließe, die Zuständigkeit für Gerechtigkeit allein beim Gesetzgeber zu suchen; dies macht aber doch die Grenzen einer verfassungsrechtlichen Prüfung deutlich.

[163] Vgl. *Konrad Hesse*, Der Gleichheitssatz in der neueren deutschen Verfassungsentwicklung, in AöR 109, 1984, S. 174 (178). Die Situation, die sich für den Strafrichter daraus ergibt, daß „niemand ihm sagen (kann), was Gerechtigkeit ist", daß vielmehr nur „abstrakte Formulierungsansätze" geboten werden, schildert eindrucksvoll *Eduard Dreher*, Das schlechte Gewissen des Strafrichters, in Festschrift für Paul Bockelmann, 1979, S. 45 (60, 63).

[164] Das entspricht der Einsicht *Paul Bockelmanns*: „Wir wissen nicht und werden niemals wissen, wie wir diese unsere Welt rechtlich ordnen müssen, damit sie zu einem Himmel auf Erden wird. Aber wir wissen einiges darüber, was wir jedenfalls nicht zulassen dürfen, wenn sie nicht zur Hölle werden soll. Diese Erfahrungen kann uns die Rechtswissenschaft vermitteln."; zitiert nach *Arthur Kaufmann*, Einige Bemerkungen zur Frage der Wissenschaftlichkeit der Rechtswissenschaft, in Festschrift für Paul Bockelmann, 1979, S. 67 (73); *Kaufmann* macht a. a. O. auf die Bedeutung dieses „negativen Prinzips" auch bei § 138 Abs. 1 BGB aufmerksam: Diese Norm verlange nicht, daß wir *positiv* ermitteln, was die guten Sitten sind – dazu wären wir gar nicht imstande –, erforderlich und genügend sei, daß wir *negativ* feststellen können, was den guten Sitten klar ersichtlich widerspreche.

[165] Zu diesem Dilemma abgewogen *Dreher* (N 163).

Neuerscheinung

Festschrift
zum 125jährigen Bestehen
der Juristischen Gesellschaft zu Berlin

Herausgegeben von Dieter Wilke
Groß-Oktav. XVI, 870 Seiten. 1984. Ganzleinen. DM 268,–

Inhalt

▶

Preisänderung vorbehalten

www.ingramcontent.com/pod-product-compliance
Lightning Source LLC
Chambersburg PA
CBHW060815100426
42813CB00004B/1089